Patti Lozano

¡Vamos a... actuar!

Mini-representaciones para la clase de español

Fotocopiable

Edición original:
Mighty Mini-Plays for the Spanish Classroom © Patti Lozano 1998

Esta edición:
¡Vamos a actuar! © ELI s.r.l. 2003

Portada: C. Cornell
Ilustraciones: M. Eynard
Adaptación: R. García Prieto

Las páginas señaladas con la indicación:

Fotocopiable • ¡Vamos a actuar! © ELI 2003

se pueden fotocopiar para uso personal o en las clases de las que sea responsable su poseedor.
Si esta publicación fuese adquirida por una escuela, la reproducción quedaría limitada al uso interno de la escuela: dicha autorización no se extiende a departamentos o escuelas afiliadas, que deberán adquirir por su cuenta otra copia de esta publicación.
Cualquier otro tipo de reproducción está sujeta a la autorización previa y por escrito de la casa editorial ELI.

ELI s.r.l.
P.o Box 6 - Recanati - Italia
Tel. +39/071 750701 - Fax +39/071 977851
E-mail: info@elionline.com - www.elionline.com

Impreso por Tecnostampa - Recanati   03.83.154.0

ISBN 88-536-0022-5

Índice

ACTO I
GENERALIDADES

Presentación y objetivos lingüísticos 4

Introducción 7

- *Sobre la introducción*
- *Nivel lingüístico*
- *Objetivos del libro*
- *¡Cómo usar este libro!*
- *Ensayos*
- *Sugerencias*

ACTO II
GUIONES DE LAS OBRAS

1. *Interrupciones* 15
2. *Canal PAN-ORAMA* 20
3. *El libro perdido* 26
4. *Lola* 31
5. *La mascota perfecta* 36
6. *El cumpleaños* 42
7. *Jorge está enamorado* 47
8. *"La Ropa Universal"* 53
9. *Trucos de cocina* 59
10. *Tres amigos* 65
11. *"Los Huevos Fritos"* 70
12. *Los quehaceres* 76

Presentación y objetivos lingüísticos

1. INTERRUPCIONES

PRESENTACIÓN:

La señora Peláez (MAESTRA) intenta enseñar en su clase de español, pero cada vez tiene menos alumnos porque el director, el señor Nogales, está llamando a sus alumnos para que vayan a otras clases y realicen otras actividades.

OBJETIVOS LINGÜÍSTICOS:

Vocabulario: objetos de la clase, asignaturas de la escuela, aulas, personal de la escuela

Estructuras: frases en presente de indicativo

2. CANAL PAN-ORAMA

PRESENTACIÓN:

Julio, presentador de las noticias del tiempo del programa televisivo Canal PAN-ORAMA, da paso a sus corresponsales para conocer el tiempo en el mundo hispano.

OBJETIVOS LINGÜÍSTICOS:

Vocabulario: fenómenos atmosféricos (por ejemplo: la nieve, el huracán)

Estructuras: frases relacionadas con el tiempo (por ejemplo: ¿Qué tiempo hace hoy? Hace sol. Hace calor. Hace frío. Está nublado.)

3. EL LIBRO PERDIDO

PRESENTACIÓN:

Sergio busca por toda la casa el libro que ha perdido pero no lo encuentra; mientras, su familia le espera impacientemente para ir a la biblioteca.

OBJETIVOS LINGÜÍSTICOS:

Vocabulario: habitaciones de la casa, mobiliario, objetos comunes de la casa

Estructuras: preposiciones (por ejemplo: sobre, debajo de, entre)

Verbos: órdenes informales

4. LOLA

PRESENTACIÓN:

Dos chicos un poco tontos se encuentran con una extranjera muy guapa en un parque. Intentan entablar una conversación con ella, pero parece que quiere sólo hablar de su nuevo coche con frases mecánicas y un tono muy monótono.

OBJETIVOS LINGÜÍSTICOS:

Vocabulario: naturaleza, profesiones

Estructuras: conjugación de los verbos en presente de indicativo

5. LA MASCOTA PERFECTA

PRESENTACIÓN:

Laura va a la tienda de animales para comprar la mascota perfecta

OBJETIVOS LINGÜÍSTICOS:

Vocabulario: animales domésticos

Estructuras: expresiones con tener (por ejemplo: tener frío, tener prisa)

6. EL CUMPLEAÑOS

PRESENTACIÓN:

La acción se desarrolla en Méjico. Marcelo intenta por todos los medios llegar a tiempo a la fiesta de cumpleaños de su novia, Francisca. Pero siempre hay algo que le retrasa, así que llega demasiado tarde... ¿o demasiado pronto?

OBJETIVOS LINGÜÍSTICOS:

Vocabulario: edificios y palabras relacionadas con la ciudad

Estructuras: decir la hora, preguntar y dar direcciones

7. JORGE ESTÁ ENAMORADO

PRESENTACIÓN:

Jorge intenta por todos los medios llamar la atención de Yolanda, pero ella sólo tiene ojos para su libro de gatos.

OBJETIVOS LINGÜÍSTICOS:

Vocabulario: partes del cuerpo, productos de una cafetería

8. "LA ROPA UNIVERSAL"

PRESENTACIÓN:

La señora Ortega, dueña de una tienda de ropa, y su empleada, Carmen, intentan desesperadamente vender su extraña tela para todo, la "ropa universal", a un cliente, el señor Pérez.

OBJETIVOS LINGÜÍSTICOS:

Vocabulario: prendas de ropa

Estructuras: frases útiles para ir de compras (por ejemplo: ¿Cuánto cuesta? Le queda grande), verbos reflexivos (ponerse, quedarle algo a alguien bien/mal)

9. TRUCOS DE COCINA

PRESENTACIÓN:

Carlos y Cristina son los dos entusiastas presentadores del popularísimo y estúpido programa televisivo de cocina "Trucos de cocina". Únete a ellos mientras comentan y comparan varios tipos de fruta y contestan a las insustanciales preguntas del apasionado y necio público que se encuentra en el estudio.

OBJETIVOS LINGÜÍSTICOS:

Vocabulario: tipos de fruta
Estructuras: concordancia de número y género de los adjetivos

10. TRES AMIGOS

PRESENTACIÓN:

Vive la "maravillosa" aventura de tres amigos en una tarde soleada.

OBJETIVOS LINGÜÍSTICOS:

Vocabulario: adjetivos y adverbios (descripciones)
Estructuras: comparativos y superlativos

11. "LOS HUEVOS FRITOS"

PRESENTACIÓN:

Luisa tiene el dudoso placer de servir el desayuno al señor Álvarez y a su irritante "amigo" Pepe.

OBJETIVOS LINGÜÍSTICOS:

Vocabulario: alimentos que se toman para desayunar
Estructuras: frases comunes para comer en un restaurante
Verbos: comer, querer

12. LOS QUEHACERES

PRESENTACIÓN:

Mamá pide a su familia que le ayude con las faenas domésticas, pero todos están demasiado ocupados. Al final, mamá se venga de todos ellos.

OBJETIVOS LINGÜÍSTICOS:

Vocabulario: tareas domésticas, artículos e instrumentos que se usan para limpiar, habitaciones de la casa
Estructuras: "tener que", verbo "poder", modo imperativo

Introducción

1. SOBRE LA INTRODUCCIÓN

¡Por favor, no os la saltéis! Es amena, entretenida y está cargada de excelentes ideas y sugerencias para que os preparéis de forma adecuada para llevar a cabo una buena representación. Sea cual sea vuestro papel en las obras (dirección, escenificación o actuación), este prólogo os ayudará a preparar las escenas y, más importante aún, será un estímulo para que vosotros y vuestros alumnos podáis dar rienda suelta a un talento y una creatividad teatrales que no esperabais poseer.

2. NIVEL LINGÜÍSTICO

Las obras presentan vocabulario y estructuras del español de los niveles A1 y A2 del Marco común europeo de referencia para las lenguas, que llevarán a los alumnos a alcanzar un nivel adecuado del español cotidiano. El argumento y el estilo de las obras han sido pensados para atraer la atención de alumnos de entre 9 y 13 años. Las obras tratan situaciones y expresiones cotidianas; en ellas se ponen en práctica conversaciones propias del día a día y se describen escenas prácticas como dar y recibir direcciones, pedir o hablar sobre alimentos, el tiempo, las labores domésticas, etc.

3. OBJETIVOS DEL LIBRO

¡Vamos a actuar! no pretende ser un trabajo de actuación teatral riguroso: no aspira a igualar la labor que se desarrolla en una obra teatral clásica; en otras palabras, ¡no se propone infundir en los alumnos una indeleble estima por el teatro clásico! La finalidad de este libro es hacer vuestras clases más amenas y divertidas, alcanzando al mismo tiempo el objetivo didáctico de ayudar a vuestros alumnos a descubrir y desarrollar sus dotes representativas usando el español de forma controlada pero igualmente creativa.

¡Vamos a actuar! contiene el guión de doce pequeñas obras de representación que se pueden afrontar de dos formas: como obras muy cortas pero completas, o como largas escenas cómicas. En ambos casos, las representaciones están pensadas para durar de 15 a 20 minutos. Varias actuaciones tratan el tema de las conquistas amorosas, algunas se refieren a problemas en casa o en la escuela, mientras que otras son parodias de programas televisivos como telediarios o "talk shows".

Introducción

Las obras están escritas meticulosamente en tiempo presente, aunque aludan a acontecimientos del pasado o del futuro; esto no impide que las conversaciones sean completamente naturales y no presenten signos de afectación. Sin embargo, al evitar el uso del perfecto, las perífrasis con gerundio, el futuro y el subjuntivo (tiempos que son naturales para expresar esperanza, hacer peticiones, explicar o recordar algo, etc.) algunos diálogos pueden parecer un poco forzados. Aun así estamos firmemente convencidos de que representar estas obras desarrollará la fluidez de los alumnos en el uso del español, facilitando tanto la enseñanza como el aprendizaje del idioma en el mismo contexto. Estas ventajas explican y justifican alguna frase que, aunque suene un poco forzada, es sin embargo correcta. **¡Vamos a actuar!** se puede escenificar y representar tanto con la ayuda de los profesores como con alumnos un poco más avanzados, utilizándolo así como trabajo de grupo con la mínima asistencia de un adulto.

4 ¡CÓMO USAR ESTE LIBRO!

ORGANIZACIÓN

Cada una de las obras está precedida por una página de Generalidades a la que sigue el guión, que normalmente es de tres o cuatro páginas.

PÁGINA DE GENERALIDADES

Esta página, dedicada a los profesores, contiene las siguientes secciones: Presentación, Objetivos lingüísticos, Notas para la representación, Cómo aumentar y reducir la duración de la obra, Personajes, Escenario y Accesorios. En ella aparecen indicaciones e ideas que el profesor podría utilizar antes de decidir el reparto y escenificar la obra.

• PRESENTACIÓN

La presentación contiene un resumen de la obra de una o dos frases. En todas las obras hay un final inesperado, con un golpe de efecto cuya finalidad es la de sorprender y divertir tanto a los actores como al público. A veces la presentación explica este final abiertamente y otras veces da sólo algunos indicios; sea como sea, es el profesor quien debe decidir si compartir esta información con los alumnos o no.

Introducción

- **OBJETIVOS LINGÜÍSTICOS**

Normalmente hay una pequeña explicación de los objetivos lingüísticos tanto desde el punto de vista del vocabulario como de las estructuras lingüísticas o expresiones. (¡Recordad que **¡Vamos a actuar!** no pretende enseñar estructuras nuevas, sino repasar y arraigar lo que ya se ha aprendido en las clases de español!) Por eso, el vocabulario y las estructuras a las que se dedica cada obra no se repiten de forma monótona a lo largo del guión: aparecen esporádicamente, como lo harían en un diálogo normal. Casi todas las palabras utilizadas en estas mini-representaciones pertenecen a un nivel básico del español.

- **NOTAS PARA LA REPRESENTACIÓN**

Gracias a esta sección, el profesor o "director" dispone de útiles sugerencias que pueden ser muy distintas en cada una de las obras, pero que pueden ser muy importantes para la representación: por eso es indispensable leerlas antes de comenzar. A veces se explica el estilo de la obra, se proponen ideas para la actuación de un personaje, o se analiza la personalidad de uno de los personajes y a menudo las notas sugieren cómo seleccionar a los actores, qué accesorios utilizar y cómo crear el escenario.

- **CÓMO AUMENTAR LA DURACIÓN DE LA OBRA**

Esta sección expone sugerencias para aumentar la duración de la representación, creando diálogos nuevos para añadir personajes, situaciones y argumentos de conversación. El profesor puede necesitar esta sección en varios casos:

✔ quiere realizar una representación frente a todo el alumnado de la escuela, para una fiesta de fin de curso o para una reunión de padres y necesita una obra de duración normal;

✔ quiere incluir a todos los alumnos de la clase para que participen en la representación y necesita un papel para cada uno de ellos;

✔ quiere consolidar el aprendizaje de ciertos términos o estructuras a través de nuevas frases.

Existen distintas maneras de crear diálogos adicionales:

✔ el profesor puede estrenarse como dramaturgo;

✔ los estudiantes, individualmente o en grupos, pueden escribir un diálogo en un plazo de tiempo determinado: una vez terminado este tiempo, toda la clase escuchará los distintos diálogos y votará cuál es el mejor para añadirlo después a la obra;

Introducción

✔ toda la clase puede participar al mismo tiempo para ir decidiendo las frases que hay que añadir, con la ayuda del profesor.

• CÓMO REDUCIR LA DURACIÓN DE LA OBRA

En otras ocasiones puede ser necesario reducir el tiempo de la representación; las razones pueden ser:

✔ los estudiantes están preparando un "concurso de teatro" y tienen un tiempo muy limitado para llevar a cabo la representación;

✔ el profesor quiere que los alumnos memoricen la obra y para ello cree necesario reducir el diálogo;

✔ el profesor prefiere que los alumnos preparen y representen las obras en grupos más pequeños.

Esta sección propone varios modos de reducir las frases de los personajes sin que por ello se pierdan la fluidez y el sentido de la obra; en ocasiones se pueden eliminar algunos personajes.

• PERSONAJES

Los personajes siempre aparecen enumerados en orden de aparición y con una pequeña descripción. La mayor parte de los papeles son genéricos y además normalmente los masculinos pueden ser representados por chicas y los femeninos por chicos. Leed todo el guión antes de decidir el reparto y procurad no asignar un papel a un alumno que pueda sentirse incómodo representándolo por alguna razón. La mayoría de las obras tiene cuatro o cinco actores, pero este número puede aumentar si es necesario.

• ESCENARIO

¡Las obras no requieren escenarios especialmente elaborados! No vamos a actuar en Hollywood: lo que pretendemos es facilitar las habilidades comunicativas de los alumnos. Por eso, la mayor o menor complejidad del escenario depende del profesor y de los alumnos: si la obra necesita un sofá y disponéis de él, ¡estupendo!; si no es así, basta con unir dos o tres sillas y cubrirlas con un pedazo de tela para que haga las veces de un sofá.

Un trozo largo y ancho de cartón marrón puede simbolizar una puerta; la mesa del presentador de noticias, la encimera del programa de cocina o las mesas del restaurante se consiguen fácilmente con las mesas del aula; unos cuantos tiestos con plantas parecerán un verdadero parque; unas viejas sábanas y grandes trozos de papel adecuadamente pintados y decorados serán maravillosos telones de fondo que crearán y darán significado a los distintos ambientes.

Introducción

- **ACCESORIOS**

El número de accesorios que pueden usarse en estas obras varía muchísmo de unas a otras. Para "Lola" necesitaréis únicamente dos piñas de pino. Para otras, harán falta muchos objetos de muy distinta naturaleza. De todos modos, no será necesario comprar nada y los alumnos pueden cooperar trayéndolos de sus casas.

Es muy importante reunir todos los accesorios en una caja antes de los ensayos; leed siempre toda la obra para aseguraros de que tenéis todos los objetos que necesitáis y para saber dónde colocarlos, de forma que los actores los tengan siempre a mano.

EL GUIÓN

- **"SE LEVANTA EL TELÓN"**

Con esta frase (¡que además suena seriamente teatral!), tras la cual se explica la colocación y la actitud de los actores, empieza la obra.

- **SUGERENCIA PARA EL ESCENARIO**

Son los bosquejos que aparecen al principio de los guiones y sirven para dar una idea general de cómo preparar el escenario a la hora de representar las obras, tanto en el aula como en la sala de representación de la escuela. Estos dibujos indican dónde se encuentran los actores cuando se alza el telón; es decir, cuando comienza la obra.

Las indicaciones escénicas posteriores al inicio de la obra aparecen en los diálogos en letra cursiva.

- **VESTUARIO**

Ya tenéis bastante trabajo como profesores de idiomas, ¡no hace falta que además os preocupéis por los trajes! Si los estudiantes quieren llevar trajes especiales para sus representaciones (y podéis estar seguros de que querrán), ésta sería una gran idea; dejad que sean ellos quienes decidan. Para conseguir el vestuario será suficiente con echar una ojeada a las tiendas de segunda mano o darse una vuelta por algún mercadillo: allí será fácil encontrar prendas baratísimas.

Introducción

5 ENSAYOS

Os preguntaréis cuál es la mejor forma de preparar los ensayos y las representaciones con los alumnos. Aquí tenéis un esquema de trabajo para cuatro días.

Esquema de ensayo

1er día (30 minutos): el profesor prepara una copia de la obra elegida para cada alumno y lee la obra con toda la clase, comprobando que todos entiendan la trama y practicando con ellos el vocabulario nuevo.
RECORDAD: el éxito de estas obras radica en su comicidad; por lo tanto, el estudiante debe entender a la perfección tanto el vocabulario como el argumento para poder captar la parte más importante de la trama.

2do día (30 minutos): se divide la clase en pequeños grupos. Cada uno de ellos se organiza por sí solo; con el guión en mano, asignan un papel a cada uno de sus componentes y leen la obra. Pueden empezar a representar la acción si les queda tiempo.

3er día (30 minutos): los grupos del día anterior se reúnen para ensayar la obra varias veces; pueden empezar a añadir algunos de los accesorios. El profesor se ocupará de supervisar los ensayos, ayudando y dando sugerencias a cada grupo.

4to día (toda la duración de la clase): cada grupo representa la obra para los demás. Sería una gran idea grabar las representaciones si se dispone de una cámara de vídeo: ¡los alumnos cuidarán más la representación si saben que están frente a una cámara!
¡IMPORTANTE! No es necesario que los estudiantes se sepan al dedillo sus partes, a menos que el público que asiste a la obra sea ajeno a la clase. Se puede permitir el uso de los guiones, o se pueden preparar tarjetas (como si fueran "chuletas") fáciles de esconder si se prefiere una representación más "limpia".
La improvisación también es permisible: después de todo, ¡se trata de una forma de comunicación!

6 SUGERENCIAS

Si habéis leído la introducción hasta este punto, ya poseéis toda la información necesaria para llevar a cabo la escenificación de estas obras junto a vuestros alumnos. Si estáis impacientes por comenzar con los ensayos, no os detengáis en esta sección y pasad directamente a la primera obra; pero, si la inspiración y las luces del teatro os han despertado la vena artística, no os arrepentiréis de perder unos minutos con las siguientes sugerencias, que podéis compartir con vuestros alumnos. En vuestro trabajo diario como profesores de idiomas, os véis envueltos en una permanente actuación. Lo hacéis cuando enseñáis los números, los verbos, los adjetivos, las preposiciones, las expresiones...

A continuación encontraréis unas sugerencias que os ayudarán a mejorar vuestras cualidades teatrales.

Introducción

1. Actuar es creer. No sólo estáis interpretando los papeles de la madre mártir, el ligón incorregible, la alegre camarera o el cliente airado; os convertís en ellos y sentís qué significaría ser otra persona.

2. Actuar es crear una voz. Proyectad siempre vuestra voz hacia el lugar en el que se encuentra el público. Intentad que sea flexible: ensayad distintas intensidades, tonos y ritmos. Alimentad las emociones exagerando la entonación de la voz. Aseguráos de que las palabras son pronunciadas con mucha claridad.

3. Actuar es pensar. Pensad detenidamente en el significado de vuestras frases, aunque tengáis que repetirlas muchas veces. Pronunciadlas un poco más despacio de lo que lo haríais en una conversación real, ya que el público debe entender bien lo que estáis diciendo. Recordad que vosotros habéis escuchado y leído repetidas veces el guión, mientras que el público tiene una única oportunidad para dar sentido a vuestras palabras.

4. Actuar es movimiento. Desde el principio, la acción debe ser frenética en el escenario: hay que dar énfasis a las palabras con gestos y movimiento. Eso sí: es importante evitar gestos innecesarios como morderse las uñas o tocarse continuamente el pelo, porque distraerían al público.

5. Actuar es concentrarse. Para que la actuación sea creíble, el actor debe ser natural: tiene que concentrar su atención y su mirada en el personaje con el que está hablando, a menos que el guión diga lo contrario.

6. Actuar es creatividad. Normalmente, sobre todo siendo tan cortas estas obras, los personajes no tienen una personalidad muy definida. Usad vuestra imaginación para que el vuestro tenga su propio carácter: ¿a qué dedica el tiempo libre? ¿cómo es su temperamento? También podéis crear sus características físicas: ¿cómo camina? ¿se desploma en el sofá o se sienta adoptando una postura formal? ¿tiene "manías" como suspirar a menudo o carraspear?

7. ¡Actuar es divertido! ¡Este el el último y más importante de los consejos! Actuar es divertido porque permite adoptar otra personalidad, ser otra persona durate un rato; porque da libertad para reaccionar ante los demás y comportarse de modo inusual sin ningún tipo de temor o vergüenza. Actuar es hablar con desconocidos que se convierten en amigos gracias a la diversión y el trabajo que supone poner en escena una obra. Actuar es, sencillamente, crear arte a partir de la comunicación.

¡Que os divirtáis!

Interrupciones

Generalidades

PRESENTACIÓN

La señora Peláez (Maestra) intenta enseñar en su clase de español, pero cada vez tiene menos alumnos porque el director, el señor Nogales, está llamando a sus alumnos para que vayan a otras clases y realicen otras actividades.

OBJETIVOS LINGÜÍSTICOS

Vocabulario: objetos de la clase, asignaturas de la escuela, aulas, personal de la escuela.
Estructuras: frases en presente de indicativo

NOTAS PARA LA REPRESENTACIÓN

El papel de la señora Peláez (Maestra) es el dominante, con muchas líneas que memorizar. Probablemente necesitará "hacer trampa" usando un "pergamino" durante la obra para esconder el guión. Los personajes pueden ser tanto chicas como chicos.

PARA AMPLIAR LA DURACIÓN DE LA OBRA

Se pueden crear personajes adicionales de alumnos para la clase de la señora Peláez, con nuevas razones para interrumpir la clase o para que más estudiantes puedan abandonar la clase. También es posible añadir objetos, personal docente o más cursos en el guión.

PARA REDUCIR LA DURACIÓN DE LA OBRA

Omitir uno o varios personajes entre los alumnos que forman parte del guión.

PERSONAJES: 8 Actores

MAESTRA: (Señora Peláez, la profesora de español)
(Estudiantes): CARLOS, LUCÍA, LUIS, PEDRO, MERCHE, JULIA
SR. NOGALES: (el director)

ESCENARIO:

Una clase con una pizarra, mesa del profesor, cinco pupitres y una puerta

ACCESORIOS:

Un gran mapa de Sudamérica, una regla, una carpeta, un libro de texto para cada alumno, una raqueta de tenis

Interrupciones

SE LEVANTA EL TELÓN:

La señora Peláez, MAESTRA, está frente a sus alumnos, que están sentados en sus pupitres. Junto a ella, en la pared o en la pizzarra, hay expuesto un gran mapa de Sudamérica y América Central.

MAESTRA:	Buenos días, clase. Hoy vamos a estudiar los países de Sudamérica y América Central y sus capitales. Necesitáis los libros de geografía. Vamos a empezar en la página 154.
CARLOS:	*(Levanta la mano)*
MAESTRA:	¿Sí, Carlos?
CARLOS:	Maestra, no tengo mi libro de geografía.
MAESTRA:	Pues, ¿dónde está tu libro de geografía?
CARLOS:	No sé... pero ¡tengo el libro de matemáticas!
MAESTRA	Muy bien, Carlos, pero ésta no es la clase de matemáticas. Ésta es la clase de geografía.
CARLOS:	Sí, maestra.
MAESTRA:	Merche, ¿tú tienes el libro de geografía?
MERCHE:	Sí, maestra.
MAESTRA:	Bien. Carlos, mira el libro de Merche. *(Espera mientras CARLOS se cambia ruidosamente de sitio y se coloca junto a MERCHE)* Hoy vamos a estudiar los países de Sudamérica y América Central y sus capitales. Vamos a mirar el mapa. Ahora *(busca entre los alumnos)* Lucía Montalbán, ¿qué país es éste?
LUCÍA:	*(Insegura)* ¿Es Venezuela?
MAESTRA:	¡Exactamente! Muy bien. Y ¿cuál es la capital de Venezuela? *(Le interrumpe alguien que llama a la puerta)* Sí, entre, por favor.

Interrupciones

SR. NOGALES:	*(Entra; los estudiantes se ponen más formales de repente, y la señora Peláez parece un poco más nerviosa)*
MAESTRA:	Señor Nogales, ¡qué sorpresa!
SR. NOGALES:	Sra. Peláez, discúlpeme. No quiero interrumpir su lección, pero *(consulta la carpeta)* ¿está Lucía Montalbán en esta clase?
MAESTRA:	Sí, aquí está.
SR. NOGALES:	Lucía, tu madre está en mi despacho porque tienes una cita.
LUCÍA:	¡Ay, sí! Tengo una cita con el dentista. Adiós, señora Peláez. ¡Hasta mañana! *(Recoge sus libros y se va)*
MAESTRA:	*(La llama)* Lucía ¡llévate el libro de geografía! ¡Lee la lección en la consulta del dentista! *(Busca entre los alumnos de nuevo)* Luis, por favor, contesta a la pregunta.
LUIS:	*(Indeciso)* ¿Cuál es la pregunta?
MAESTRA:	La pregunta es: ¿cuál es la capital de Venezuela?
LUIS:	No sé... ¿en qué página estamos?
MAESTRA:	Estamos en la página 154.
LUIS:	Gracias. *(Encuentra la página y lee)* La capital de Ecuador es Quito.
MAESTRA:	Muy bien, Luis, pero la pregunta es: ¿cuál es la capital de Venezuela?
LUIS:	*(Va a contestar cuando llaman de nuevo a la puerta)*
MAESTRA:	*(Un poco molesta)* Sí, entre, por favor.
SR. NOGALES:	*(Entra; los alumnos se formalizan de nuevo y la MAESTRA se queda sorprendida)*
MAESTRA:	Hola, Sr. Nogales... ¿otra vez?
SR. NOGALES:	Discúlpeme, Sra. Peláez. No quiero interrumpir su lección, pero *(Consulta la carpeta)* ¿está Luis Medrano en esta clase?
MAESTRA:	Sí, aquí está.
SR. NOGALES:	Muy bien. Luis, ve al gimnasio. Ahora van a hacer las fotos del equipo de tenis.
LUIS:	¿Las fotos del equipo de tenis para el libro? ¿Hoy?
SR. NOGALES:	Sí. *(Mira el reloj)* Dentro de diez minutos.
LUIS:	En ese caso necesito mi raqueta. *(Coge la raqueta, que está bajo su pupitre. Les pregunta a sus compañeros)* ¿Cómo está mi pelo? ¿Estoy presentable? ¡Hasta mañana, maestra! *(Sale)*
MAESTRA:	*(Lo llama)* ¡Pero Luis! ¿Cuál es la capital de... *(Luis da un portazo, silencio, luego ella dice secamente)* La capital de Venezuela es Caracas. *(Suspira)* Bueno, clase, vamos a continuar. ¿Cómo se llama este país en medio del continente? *(Señala Bolivia con la regla)* ¿Pedro?

Interrupciones

PEDRO:	*(Completamente desorientado porque no estaba prestando atención)* Ah... Me llamo Pedro.
MAESTRA:	¿Qué? No, Pedro, no "¿cómo te llamas tú?" sino "¿cómo se llama este país?"
PEDRO:	Ah. *(Hace un gran esfuerzo por recordar)* ¿Es... Bolivia?
MAESTRA:	¡Sí! Es Bolivia. *(A la clase)* Y ¿ahora quién sabe cuál es la capital de Bolivia?
PEDRO:	*(Levanta la mano y la agita con entusiasmo)*
MAESTRA:	¡Sí, Pedro!
PEDRO:	¿Hoy hacen las fotos del equipo de baloncesto también?
MAESTRA:	Pedro, ¡ésta no es la clase de gimnasia, así que no tengo ni idea! Ésta es la clase de geografía. Ahora, ¿cuál es... *(de nuevo le interrumpe una llamada a la puerta; responde enfadada)* ¿Quién es?
SR. NOGALES:	Discúlpeme, Sra. Peláez. No quiero interrumpir su lección otra vez *(Sonríe, sin preocuparse por el estado de frustración en que se encuentra la MAESTRA)*, pero ¿está *(consulta la carpeta)* Pedro Rivera en esta clase?
MAESTRA:	Sí, aquí está.
SR. NOGALES:	Pedro, hay un problema con tu examen en la clase de matemáticas. El profesor necesita hablar contigo ahora mismo. Llévate el libro de matemáticas, el cuaderno, un lápiz y la calculadora.
PEDRO:	Sí, señor.
MAESTRA:	*(Visiblemente abatida, ve cómo sale PEDRO de la clase; mira a los tres alumnos que le quedan y pregunta con forzado entusiasmo)* Bueno, Julia, ¿cuál es la capital de Bolivia?
JULIA:	*(Mira el libro y lee en voz alta)* Bolivia es un país de Sudamérica.
MAESTRA:	Sí, Julia, ya sabemos esto, pero ¿cuál es la capital de Bolivia?
JULIA:	La capital de Bolivia es... *(la puerta se abre de repente)*
SR. NOGALES:	*(Entra frenéticamente)* ¡Discúlpeme, Sra. Peláez! No quiero interrumpir su lección otra vez, pero *(consulta la carpeta)* ¿está Julia Delgado en esta clase?
MAESTRA:	*(Desesperada)* Sí, aquí está.
SR. NOGALES:	*(Casi sin aliento, agitando los brazos)* ¡La clase de ciencias! ¡Es una emergencia! ¡Corre rápido! ¡Es tu experimento!
JULIA:	*(Salta de la silla, con cara de miedo)* Sr. Nogales, ¿hay algún problema en la clase de ciencias con mis víboras?
SR. NOGALES:	¡Sí, Julia! *(Respira profundamente, tratando de calmarse)* Tus

Interrupciones

	víboras ya no están en el acuario. Hay víboras en las mesas, en los ordenadores… ¡y ahora las víboras van a la cafetería y a la biblioteca!
JULIA:	¡Oh, no! ¡Mis pobres víboras! ¡Adiós, maestra! *(JULIA y el Sr. NOGALES salen corriendo)*
CARLOS:	*(Se despabila, salta de su asiento)* ¡Víboras! ¿De verdad? ¡Qué fuerte! ¿Ahora van a la cafetería? ¡Quiero verlas! Julia, ¡espérame! Voy contigo. *(Corre hacia la puerta, se para de pronto y se vuelve hacia la MAESTRA)* Lo siento mucho, maestra. Hasta mañana. *(Sale)*
MAESTRA:	*(Lo llama)* ¡Carlos! *(Suspira y se dirige a la única alumna que le queda)* Merche, ¿cuál es la capital de Bolivia?
MERCHE:	*(Levanta la mano, agitándola con energía)*
MAESTRA:	*(Exasperada)* Merche, ¿por qué levantas la mano? Mira la clase de geografía. ¡Ya no hay más alumnos! Lucía está en la consulta del dentista, Luis está en el gimnasio, Pedro está en la clase de matemáticas y Julia está en la clase de ciencias. Y Carlos… ¿quién sabe dónde está? Merche, eres la única alumna en la clase de geografía. ¡No tienes que levantar la mano! Bueno, Merche, ¿cuál es la capital de Bolivia?
MERCHE:	*(Se levanta majestuosamente con el libro en la mano)* La capital de Bolivia es… *(Suena la campana)* ¡La campana! Maestra, la clase de geografía ha terminado. Voy a la clase de historia. ¡Adiós! *(Sale)*
MAESTRA:	*(Señala el mapa y les habla, agotada, a las sillas vacías)* Es La Paz. La capital de Bolivia es La Paz.

FIN

Canal PAN-ORAMA

■ Generalidades

PRESENTACIÓN
Julio, presentador de las noticias del tiempo del programa televisivo Canal PAN-ORAMA, da paso a sus corresponsales para conocer el tiempo en el mundo hispano.

OBJETIVOS LINGÜÍSTICOS
Vocabulario: fenómenos atmosféricos (por ejemplo: la nieve, el huracán)
Estructuras: frases relacionadas con el tiempo (por ejemplo: ¿Qué tiempo hace hoy? Hace sol. Hace calor. Hace frío. Está nublado.)

NOTAS PARA LA REPRESENTACIÓN
El primer plano de la escena es la mesa del presentador. Hay un llamativo cartel que anuncia "Canal PAN-ORAMA" colgado en la pared o en la mesa.
Otras áreas de la clase representan una playa de Acapulco (Méjico), una estación de esquí en Patagonia (Argentina) y un parque en San Juan (Puerto Rico). En cada una de estas áreas se pueden colocar objetos que las representen como toallas de playa, abrigos, etc.

PARA AMPLIAR LA DURACIÓN DE LA OBRA
Se pueden añadir nuevos corresponsales de otros lugares del mundo hispano, con nuevos detalles sobre el tiempo atmosférico en ellos.

PARA REDUCIR LA DURACIÓN DE LA OBRA
Eliminar el papel de Noah C. Frío de Puerto Rico.

PERSONAJES: 5 Actores
JULIO: (Presentador del tiempo de Canal PAN-ORAMA)
PRIMA VERA: (Prima de JULIO, de visita desde Venezuela)
MARI SOL: (corresponsal de Acapulco, Méjico)
NIEVES: (corresponsal de Patagonia, Argentina)
NOAH C. FRÍO: (corresponsal de San Juan, Puerto Rico)

ESCENARIO:
Una gran mesa para el presentador del programa con un gran cartel de Canal PAN-ORAMA, varias áreas de la clase decoradas con otros carteles o pósters y objetos que representen: una playa soleada en Acapulco, una moderna estación de esquí en Patagonia, un parque en San Juan de Puerto Rico.

ACCESORIOS:
JULIO y la PRIMA VERA necesitarán: auriculares, una maleta, unas cuantas prendas de vestir para hacer rápidamente la maleta. JULIO necesitará también unos periódicos.
MARI SOL: micrófono, crema bronceadora, gafas de sol.
NIEVES: micrófono, un gran plato de comida, un refresco.
NOAH C. FRÍO: micrófono, visera.
OPCIONAL PARA LOS CORRESPONSALES: pequeños auriculares para oír a Julio.

Canal PAN-ORAMA

SE LEVANTA EL TELÓN:

JULIO está sentado en la mesa del estudio de PAN-ORAMA, echando una ojeada a sus documentos con la previsión del tiempo. Su prima VERA está sentada junto a él. Sus maletas y su ropa se encuentran bajo la mesa y los auriculares están colocados frente a ellos.

JULIO:	*(Hablando a la cámara con una voz jovial y sonora, propia de un presentador)* Buenas tardes. Soy Julio, el meteorólogo de Canal PAN-ORAMA, su programa favorito, el programa que hoy y todos los días transmite únicamente el tiempo en el mundo hispano. Hoy tengo el gran placer de presentarles a mi prima. Se llama Vera. Viene de Venezuela para conocer nuestra bonita ciudad, Santander. ¡Les presento a mi prima Vera!
PRIMA VERA:	¡Gracias, Julio! ¡Es un placer estar aquí!
JULIO:	Prima, ¿qué tiempo hace hoy en Venezuela?
PRIMA VERA:	¡Ah! En Venezuela hace muy mal tiempo hoy. Está lloviendo por todo el país.
JULIO:	Entonces, Vera, tienes mucha suerte de estar aquí. ¡Casi siempre hace buen tiempo en Santander!
PRIMA VERA:	¡Qué bien! Julio, ¿qué tiempo hace hoy?
JULIO:	Vamos a ver. *(Consulta sus documentos)* Hoy en Santander está nublado y hace mucho viento... Bueno, Vera, ¡vamos a empezar el programa! ¿A dónde vamos hoy?
PRIMA VERA:	Hmm... ¡Vamos a ver qué tiempo hace hoy en Acapulco, Méjico!
JULIO:	¡Acapulco, Méjico! ¡Excelente! *(Se pone los auriculares)* Vamos a hablar con nuestro corresponsal en Acapulco, Mari Sol. Mari ¿estás ahí? ¿Me oyes?

Canal PAN-ORAMA

MARI SOL:	*(Tumbada en la playa, se está echando crema bronceadora y tiene el micrófono entre las rodillas)*
JULIO:	¡Mari! ¿Estás ahí? ¿Me oyes? ¡Mari Sol!
MARI SOL:	*(De repente coge el micrófono, se quita las gafas y se coloca en una postura profesional)* ¡Hola, Julio! ¿Cómo estás? ¿Qué tiempo hace hoy en Santander?
JULIO:	Está nublado y hace mucho viento. ¿Qué tiempo hace en Acapulco?
MARI SOL:	La situación aquí es muy grave. Hace calor. ¡Hace mucho calor! Julio, hay muchas personas aquí conmigo en la playa. No tienen ni un poco de energía porque hace demasiado calor.
PRIMA VERA:	*(Se pone los auriculares)* ¡Pobrecitos!
JULIO:	¡Es terrible! ¿Qué hace la gente cuando hace tanto calor, Mari?
MARI SOL:	¡Sufren mucho! Tienen mucha sed. Toman muchos refrescos.
PRIMA VERA:	¿Hace sol también?
MARI SOL:	¡Oh, sí! Hace mucho, mucho sol. Es una situación muy grave.
PRIMA VERA:	Lo siento mucho.
MARI SOL:	Ya. Y hay otra cosa.
JULIO:	Dime, Mari.
MARI SOL:	Pues hace tanto calor y tanto sol que no pueden ponerse mucha ropa. ¡Imagínate! ¡Qué vergüenza!
JULIO:	*(Melancólicamente)* Sí, Mari, puedo imaginarlo.
MARI SOL:	Solamente llevan puestos unos pequeños bikinis.
JULIO:	¡Dios mío, qué horror! Mari, ¿te ayudo? Voy al aeropuerto de inmediato.
PRIMA VERA:	*(Escandalizada)* ¡Julio!
MARI SOL:	No, no, no, no, Julio. Es responsabilidad mía. Gracias. Ahora voy a gozar, o más bien, sufrir el sol con los demás. Soy Mari Sol, retransmitiendo en directo, desde Acapulco, Méjico. ¡Hasta luego!
JULIO:	*(Suspirando)* Ahora volvemos a Canal PAN-ORAMA en Santander, su programa favorito, el programa que hoy y todos los días transmite únicamente el tiempo en el mundo hispano. Soy Julio y ésta es mi prima Vera.
PRIMA VERA:	Julio, ¿ahora qué tiempo hace aquí en Santander?
JULIO:	Vamos a ver. *(Lee)* Todavía hace viento y está nublado.
PRIMA VERA:	*(Tras una pausa, alegremente)* ¿A dónde vamos ahora, Julio?
JULIO:	¡Vamos a las montañas del sur de Argentina!

Canal PAN-ORAMA

PRIMA VERA:	¡Fantástico!
JULIO:	Vamos a hablar con nuestra corresponsal en Patagonia, Argentina, mi buena amiga, Nieves. ¡Nieves! ¡Estás ahí?
NIEVES:	*(Sentada en un restaurante, muy ocupada comiendo y bebiendo; su micrófono está abandonado en la mesa)*
JULIO:	¡Nieves! ¿Me escuchas?
NIEVES:	*(Coge el micrófono, se limpia la boca y adopta una postura profesional)* ¿Julio? ¡Hola, amigo! ¿Qué pasa? ¿Qué tiempo hace hoy en Santander?
JULIO:	Está nublado y hace viento... como siempre. ¿Qué tiempo hace por ahí?
NIEVES:	¡Es terrible! Hace frío. Hace mucho, mucho frío. Y está nevando. Estoy aquí en las montañas, *(mira al exterior por una ventana imaginaria)* y sí, todavía está nevando. *(Da un gran mordisco a su comida)*
JULIO:	Pero ¿dónde estás tú? ¿Estás en un restaurante?
NIEVES:	Sí, Julio, hace mucho frío, y por eso estoy en un restaurante. Ahora disfruto de mi almuerzo, porque hace mucho frío fuera.
PRIMA VERA:	¿Hace mal tiempo entonces? ¿Una tormenta quizás?
NIEVES:	No, en realidad hace muy buen tiempo. Hace sol, pero hace mucho frío. ¡Es terrible! *(Le da otro buen mordisco a su comida)*
PRIMA VERA:	¿Por qué es terrible, Nieves?
NIEVES:	Pues porque la gente sufre mucho. Entran al restaurante después de esquiar. Tienen mucho frío, sus caras están muy rojas. Luego toman muchas tazas de chocolate caliente para quitarse el frío.
JULIO:	¿Dices que la gente esquía?
NIEVES:	Claro que sí. Es muy difícil caminar en la nieve, así que es necesario esquiar para bajar de la montaña. ¡Y lo hacen todos: hombres, mujeres y niños!
PRIMA VERA:	¿Vas a esquiar tú?
NIEVES:	¡De eso nada! Estoy aquí para trabajar. Mi mesa está cerca de la ventana. Cuando el tiempo cambia, yo lo veo de inmediato. Además es casi la hora de la cena. Soy Nieves, retransmitiendo en directo desde Patagonia, Argentina.
JULIO:	*(Deprimido)* Ahora volvemos a Canal PAN-ORAMA en Santander, su canal favorito, el canal que hoy y todos los días retransmite únicamente el tiempo en el mundo hispano.
PRIMA VERA:	Julio, ¿hay algún cambio en nuestra situación meteorológica aquí

Canal PAN-ORAMA

en Santander?

JULIO: Vamos a ver. *(Lee sus informes de mala gana)* Todavía hace viento y está nublado, pero ahora está lloviendo también.

PRIMA VERA: *(Suspirando)* ¿A dónde vamos ahora, Julio?

JULIO: *(Malhumorado)* No me importa.

PRIMA VERA: *(Jovialmente)* ¡Vamos a un parque en San Juan, Puerto Rico!

JULIO: Está bien. Vamos a hablar con nuestro corresponsal, Noah C. Frío. ¡Noah! ¿Estás ahí?

NOAH C. FRÍO: *(Tumbado en la hierba, con la cabeza apoyada en los brazos cruzados, dormitando y con el micrófono apoyado en el pecho)*

JULIO: ¡Noah! ¡Noah C. Frío! ¿Me escuchas? ¿Estás ahí?

NOAH C. FRÍO: *(De repente, coge el micrófono y se sienta adoptando una postura formal)* ¿Julio? ¡Hola! ¿Cómo estás? ¿Qué tiempo hace hoy en Santander?

JULIO: *(Clavándole los ojos con rabia)* Está nublado, hace viento y ahora está lloviendo. ¿A ti qué te importa? ¿Qué tiempo hace en San Juan, Puerto Rico?

NOAH C. FRÍO: Hace buen tiempo. No hace calor. No hace frío. No está nublado. Pero ¡es terrible!

JULIO: ¿Por qué?

NOAH C. FRÍO: Estoy en el parque. Todas las familias gozan de un día de campo. Están contentos, juegan y cantan. No saben el peligro que les espera.

PRIMA VERA: *(Alarmada)* ¿Qué peligro, Noah? ¿Un huracán? ¿Un tornado?

NOAH C. FRÍO: No, Vera. Hormigas.

PRIMA VERA: ¡Hormigas!

NOAH C. FRÍO: *(Siniestramente)* Sí, hormigas. Hace media hora ¡nueve hormigas en mis piernas y cinco más en mis brazos!

JULIO: *(Malhumorado)* Hormigas.

NOAH C. FRÍO: Sí, Julio. Mientras tu estás en Santander, detrás de tu escritorio, yo estoy fuera, en un mundo lleno de peligros. Pero no me quejo. Así es la vida de un corresponsal. Julio, Vera, hasta luego. Soy Noah C. Frío, retransmitiendo en directo, desde San Juan, Puerto Rico.

JULIO: *(Coloca la maleta en la mesa y va metiendo en ella la ropa mientras habla)* Ahora volvemos a Canal PAN-ORAMA en Santander, su canal favorito, el canal que hoy y todos los días retransmite únicamente el tiempo en el mundo hispano. Soy Julio y ésta es mi prima Vera. *(Sale corriendo con su maleta)*

Canal PAN-ORAMA

PRIMA VERA: *(Se queda boquiabierta un segundo, después se dirige a la cámara, disgustada)* Ahora en Santander hace viento, está nublado y está lloviendo muy fuerte. *(Se levanta, agarra su maleta y grita)* Julio, ¡espérame! ¡Voy contigo! ¿A dónde vamos? *(Sigue a JULIO corriendo y sale)*

FIN

El libro perdido

Generalidades

PRESENTACIÓN
Sergio busca por toda la casa el libro que ha perdido pero no lo encuentra; mientras, su familia le espera impacientemente para ir a la biblioteca.

OBJETIVOS LINGÜÍSTICOS
Vocabulario: habitaciones de la casa, mobiliario, objetos comunes de la casa
Estructuras: preposiciones (por ejemplo: sobre, debajo de, entre)
Verbos: órdenes informales

NOTAS PARA LA REPRESENTACIÓN
El escenario de la clase debería ser lo más parecido posible a un salón. Las sillas se pueden cubrir con cojines para que parezcan sofás y butacas. Los alumnos podrían traer de sus casas telas para simular cortinas y también otros objetos típicos de un salón como una alfombra, un jarrón, una planta, etc.

PARA AMPLIAR LA DURACIÓN DE LA OBRA
Se pueden añadir más lugares para que Sergio busque su libro, y también otros objetos ridículos para que los encuentre a medida que busca. Otra idea sería incluir el personaje de un padre que echa la siesta en una butaca y, medio dormido, pregunta cada poco qué está haciendo Sergio y por qué no deja de hacer ruido.

PARA REDUCIR LA DURACIÓN DE LA OBRA
Reducir el número de lugares en los que Sergio busca el libro.
Eliminar la escena de la cocina; en su lugar, hacer que Sergio encuentre el libro en el salón.

PERSONAJES: 4 Actores
MAMÁ
SERGIO: (hijo menor, de unos doce años)
DIEGO: (hermano mayor de Sergio)
OLGA: (hermana mayor de Sergio)

ESCENARIO:
Un cómodo salón con un sofá, una butaca, cortinas, televisión y vídeo, una mesita y una alfombra (de cualquier tamaño, colocada bajo la butaca)

ACCESORIOS:
MAMÁ, DIEGO y OLGA tienen un montón de libros cada uno.
Antes de comenzar la obra, hay que colocar los siguientes objetos según lo escrito en el guión: un bolígrafo, un peine, tres caramelos, dos coches de juguete, unas monedas, zapatos, calcetines, el mando a distancia del televisor, una fotografía, una pequeña llave.
Fuera del escenario: un bolso, un bonito libro de insectos.

El libro perdido

SE LEVANTA EL TELÓN:
DIEGO y OLGA en pie en el salón, sosteniendo en sus brazos un buen montón de libros.

OLGA:	*(Llamando a Mamá, que no está en el escenario)* ¡Mamá! Diego y yo tenemos que ir a la biblioteca ahora mismo. Va a cerrar dentro de una hora.
DIEGO:	¡Mamá! Tengo que devolver unos libros.
OLGA:	Y yo tengo que buscar un libro sobre inventores famosos para mi trabajo de historia.
MAMÁ:	*(Entra con un montón de libros en los brazos)* Muy bien, hijos. En realidad yo también tengo que ir a la biblioteca. Tengo que devolver estos libros hoy. ¿Dónde está vuestro hermano?
DIEGO:	No lo sé. ¡Sergio! ¿Dónde estás?
SERGIO:	*(Grita desde fuera del escenario)* ¡Estoy en mi habitación!
MAMÁ:	¿Qué haces ahí?
SERGIO:	Nada... escucho música.
MAMÁ:	Pues, ¡ven! Vamos todos a la biblioteca.
SERGIO:	*(Aún fuera del escenario)* No quiero ir a la biblioteca hoy. Quiero escuchar música.
MAMÁ:	Lo siento mucho, Sergio, pero vienes con nosotros a la biblioteca de todos modos. Tenemos que devolver todos los libros hoy. Trae tus libros.
OLGA:	¡Date prisa, Sergio! La biblioteca va a cerrar pronto. *(Entra arrastrando los pies, triste y suspirando)*
SERGIO:	Solamente tengo un libro de la biblioteca. Está aquí, en la sala.
MAMÁ:	Entonces, tráelo. Es tarde. Tenemos prisa.
SERGIO:	¿Dónde está mi libro?
DIEGO:	Anda, tonto. ¿Cómo vamos a saberlo nosotros? ¿Cómo se titula tu

El libro perdido

	libro?
SERGIO:	*(Pensando)* Mmmm... creo que se llama "El mundo fantástico de los insectos".
MAMÁ:	Bueno, Sergio, busca tu libro en la mesa.
SERGIO:	*(Buscando entre el montón de libros de la mesa)* Hay muchos libros sobre la mesa, pero mi libro de insectos no está.
MAMÁ:	Pues busca debajo de la mesa.
SERGIO:	*(Mira bajo la mesa y contesta)* No, mi libro de insectos no está debajo de la mesa, pero ¡mira! Hay un bolígrafo precioso. *(Se pone a jugar con él)*
DIEGO:	¡Éste es mi bolígrafo, y es nuevo! ¡Dámelo! *(Se lo quita)*
MAMÁ:	¿Por qué no buscas tu libro en el sofá?
SERGIO:	*(Mira en el sofá)* No, mi libro de insectos no está en el sofá, pero ¡mira! ¡Hay un peine! *(Comienza a peinarse)*
OLGA:	¡Sergio! ¡Éste es mi peine! Tu pelo está sucio. No puedes usar mi peine. ¡Dámelo! *(Se lo quita)*
MAMÁ:	A lo mejor tu libro está dentro del sofá, entre los cojines. Levanta los cojines y busca tu libro ahí.
SERGIO:	*(Mira bajo los cojines)* No, no veo mi libro de insectos, pero ¡mira! Hay tres caramelos... y *(cuenta en voz baja)* 49 céntimos ... dos coches de juguete... ¡y una foto de mamá en la playa en traje de baño!
MAMÁ:	Hijo, ¡dame esa foto! *(Se la quita a Sergio)*
SERGIO:	*(Desenvuelve uno de los caramelos)*
OLGA:	*(Impaciente)* Sergio, ¿qué haces ahora?
SERGIO:	Voy a comerme los caramelos.
OLGA:	Estos caramelos son muy viejos, Sergio, y la bibioteca va a cerrar dentro de cuarenta minutos. Por favor, ¡busca tu libro!
SERGIO:	¿Y dónde está mi libro?
MAMÁ:	No lo sé, Sergio. Busca en la alfombra, alrededor de la butaca.
SERGIO:	*(Gatea por la alfombra, alrededor de la butaca)* No, mi libro de insectos no está en la alfombra alrededor del sillón, pero ¡mira! ¡Aquí está el mando a distancia del tele!
DIEGO:	¡Qué bien! ¡Por fin encuentro el mando a distancia! Voy a ver el partido de fútbol! *(Coge el mando a distancia y se arrellana en la butaca mirando hacia el televisor)*
OLGA:	Diego, ¡levántate! Tenemos que ir a la biblioteca.
DIEGO:	Sí, lo sé, pero Sergio todavía no tiene su libro, ¿verdad? Así que

El libro perdido

	mientras lo busca, yo voy a ver el partido.
MAMÁ:	Pon ese mando a distancia encima del televisor, Diego. No vas a ver el partido de fútbol ahora. Sergio, ¿por qué no buscas tu libro de insectos cerca de las cortinas?
SERGIO:	*(Suspirando)* Está bien... veo zapatos cerca de las cortinas... y los calcetines de Olga... y ¡mira! ¡Una llave pequeña! *(Se la muestra a todos)*
OLGA:	*(Se la quita)* Ésta es mi llave. Es muy importante. ¡Dámela!
MAMÁ:	¿Y tu libro, Sergio?
SERGIO:	No, mi libro de insectos no está.
MAMÁ:	¿Buscas delante de las cortinas o detrás?
SERGIO:	Busco delante de las cortinas.
MAMÁ:	Pues entonces busca detrás de las cortinas.
SERGIO:	*(Quejándose)* Mamá, tengo sueño.
DIEGO:	Yo también. Quiero ver el partido de fútbol en la tele.
MAMÁ:	Sergio, busca tu libro detrás de las cortinas. *(Perdiendo la calma)* ¿Por qué no cuidas nunca tus cosas? Cuidar los libros de la biblioteca es responsabilidad tuya, Sergio.
OLGA:	Mamá, ¡la biblioteca va a cerrar dentro de veinte minutos!
MAMÁ:	Sí, lo sé, hija.
SERGIO:	*(Suspirando mientras busca)* Detrás de las cortinas hay... un tenedor... unas gafas... una galleta... y una cucaracha muerta... pero mi libro de insectos no está. Diego, ¿quieres comer la galleta?
DIEGO:	¿Es de chocolate?
OLGA:	*(Con repugnancia)* ¡Dios mío, qué asco!
MAMÁ:	Sergio, hablo en serio ahora. ¡Busca tu libro ahora mismo, por favor!
OLGA:	*(Lloriqueando)* Mamá, la biblioteca va a cerrar dentro de veinte minutos.
SERGIO:	No sé dónde buscar. Mi libro de insectos simplemente no está aquí en la sala.
DIEGO:	Quizás el libro de Sergio esté en el cuarto de baño.
SERGIO:	*(Contesta enfadado)* No, ¡no leo en el cuarto de baño!
MAMÁ:	Diego, déjalo en paz, por favor. *(A Sergio)* Ya no sé qué pensar. Tu libro no está ni encima, ni debajo de la mesa. No está entre los cojines del sofá. No está ni delante, ni detrás de las cortinas. No está en la alfombra alrededor del sillón.
OLGA:	¡Mamá! La biblioteca va a cerrar dentro de quince minutos.

El libro perdido

MAMÁ: Sergio, tenemos que ir a la biblioteca sin tu libro. Y estoy muy enfadada contigo. Tráeme las llaves del coche, por favor.

SERGIO: ¿Dónde están las llaves del coche?

MAMÁ: Ay, hijo, están dentro de mi bolso, como siempre.

SERGIO: Y ¿dónde está tu bolso?

MAMÁ: Está en la cocina, por supuesto, sobre la guía de teléfonos.

SERGIO: *(Sale rápidamente y vuelve con el bolso, las llaves y ¡el libro de insectos! Le dice a su madre, con aire satisfecho)* Sí, Mamá. Las llaves están dentro del bolso, el bolso está sobre la guía de teléfonos y la guía de teléfonos está... ¡SOBRE MI LIBRO DE INSECTOS!

OLGA: ¡Fantástico! La biblioteca va a cerrar dentro de quince minutos. ¡Vámonos! *(Salen todos)*

Fin

Lola

■ Generalidades

PRESENTACIÓN
Dos chicos un poco tontos se encuentran con una extranjera muy guapa en un parque. Intentan entablar una conversación con ella, pero parece que quiere sólo hablar de su nuevo coche con frases mecánicas y un tono muy monótono.

OBJETIVOS LINGÜÍSTICOS
Vocabulario: naturaleza
Estructuras: conjugación de los verbos en presente de indicativo

NOTAS PARA LA REPRESENTACIÓN
El papel de Lola no requiere ningún esfuerzo lingüístico, ya que sólo repite un grupo de frases durante la obra. Sin embargo, al personaje se le exigen ciertas dotes artísticas, ya que debe actuar como un robot animado, el cual parece tan real que es capaz de engañar a los dos jóvenes simplones que están intentando engatusarla. Lola debe recitar sus frases exactamente igual durante toda su actuación y nunca debe cambiar su postura en el banco del parque.
Emilio y Juan son dos chicos muy presumidos, no muy espabilados o inteligentes, pero que intentan impresionar a la hermosa mujer por todos los medios.
¡IMPORTANTE! Cada vez que algo toca cualquiera de los brazos de Lola, se activa el mecanismo de su voz.

PARA AUMENTAR LA DURACIÓN DE LA OBRA
Emilio y Juan pueden intentar hablar con Lola sobre el tiempo, el deporte, coches, cine, etc., añadiendo nuevos diálogos al guión.

PARA REDUCIR LA DURACIÓN DE LA OBRA
Omitir el diálogo de Emilio y Juan en el que hablan de su trabajo y su inteligencia.

PERSONAJES: 5 actores, 1 Tramoyista

LOLA: (una hermosa mujer-robot, parecida a un maniquí hablante)
RAÚL: (el empleado de un concesionario automovilístico)
RUBÉN: (empleado de un concesionario automovilístico, compañero de Raúl)
EMILIO: (un joven presuntuoso y superficial)
JUAN: (otro joven presuntuoso y superficial, amigo de EMILIO)
ADEMÁS: (un tramoyista, miembro de la "compañía de teatro", que se encargará de dejar caer piñas de pino en el brazo de LOLA, como especifica el guión)

ESCENARIO:
Un banco en un parque. Plantas altas y papeleras colocadas por el aula le darán el aspecto de un parque o jardín. Los alumnos pueden añadir un telón de fondo dibujando y pintando un parque en un gran rollo de papel o en una tela blanca.

ACCESORIOS:
Dos piñas de pino.

Lola

SE LEVANTA EL TELÓN:
RAÚL y RUBÉN están colocando con mucho cuidado en un banco a LOLA, la hermosa maniquí.

RAÚL: *(Preocupado, a RUBÉN)* ¿Crees que está bien así?

RUBÉN: ¡Claro que sí! Solamente tardamos una media hora. *(Echa una ojeada alrededor suyo)* No hay nadie aquí en el parque. No viene nadie. ¡Vámonos! Tengo sueño, así que quiero tomar un café.

RAÚL: *(Dudando)* No sé... También yo quiero tomar un café pero tenemos que cuidar de Lola. ¿Y si le pasa algo? Mira, Rubén, yo me quedo aquí con Lola. Me da miedo dejarla sola. *(Le da una palmadita a LOLA en el brazo)*

LOLA: *(Con voz monótona y mecánica, pero también fascinante)* ¡Ven conmigo! ¡Juntos vamos a explorar las carreteras y los caminos en mi lujoso coche nuevo!

RUBÉN: *(Ignorando la voz de LOLA)* Mira, Raúl. Lola no es una persona. Te olvidas de que Lola no es nada más que una máquina. ¡Es un maniquí que usamos para vender los coches nuevos! ¿Entiendes? Ella habla sólo cuando le tocas el brazo.
Mira, Raúl. *(estrecha la mano de LOLA enérgicamente y le habla)* Señorita, discúlpeme, pero tiene una cucaracha en el pelo.

LOLA: *(Siempre con la misma voz)* ¡Ven conmigo! ¡Juntos vamos a explorar las carreteras y los caminos en mi lujoso coche nuevo!

RUBÉN: *(Se arrodilla frente a LOLA y, con ademanes muy dramáticos, toma sus manos)* Lola, ¡Te quiero, te adoro, solamente pienso en ti! ¿Me quieres tú también? ¡Habla, mi amor!

LOLA: ¡Ven conmigo! ¡Juntos vamos a explorar las carreteras y los caminos en mi lujoso coche nuevo!

Lola

RUBÉN:	¿Ves, Raúl? Lola es una máquina. Es un robot. Vámonos ya. Hay un restaurante cerca de aquí.
RAÚL:	Y, ¿cuándo regresamos?
RUBÉN:	No vamos a tardar más que una media hora. Te lo prometo.
RAÚL:	*(Delicadamente, coloca los brazos de LOLA en una posición natural y acomoda su cabeza para que parezca que mira las ramas de los árboles. Después, sale con RUBÉN)*
LOLA:	*(Sola en el escenario)* ¡Ven conmigo! ¡Juntos vamos a explorar las carreteras y los caminos en mi lujoso coche nuevo! *(Pasan quince segundos y no sucede nada. Cae una piña de un pino sobre el brazo de LOLA, activando así el mecanismo de su voz)*
LOLA:	¡Ven conmigo! ¡Juntos vamos a explorar las carreteras y los caminos en mi lujoso coche nuevo! *(JUAN y EMILIO entran y se quedan clavados en el suelo cuando ven a LOLA en el banco)*
JUAN:	*(Hace una señal a EMILIO con el codo)* ¡Mira, Emilio! ¡Una chica sola!
EMILIO:	¿Dónde?
JUAN:	Allí, sentada en el banco.
EMILIO:	Sí, la veo. ¡Es muy guapa! *(Se queda mirándola unos momentos)* ¿Qué hace?
JUAN:	No lo sé. Quizás estudia, pero no tiene libros… Quizás estudia la naturaleza…
EMILIO:	¿Qué naturaleza?
JUAN:	La naturaleza del parque, bobo. Los árboles, las flores, los pájaros… Quiero saludar a esa preciosidad. *(Comienza a aproximarse a ella, pero EMILIO lo agarra por el brazo)*
EMILIO:	¡No, Juan! Esa mujer es muy guapa. A lo mejor en este momento espera a su novio.
JUAN:	No me importa. ¡Vamos! Vamos a saludarla. *(JUAN y EMILIO se colocan bien las camisas y se alisan el pelo con la mano, esponjándose como gallos; entonces, se acercan pavoneándose a LOLA. LOLA, por supuesto, no se percata de su llegada)*
JUAN:	*(Zalamero)* Hola, señorita. Me llamo Juan y mi amigo se llama Emilio. *(Espera a que ella responda y después sigue)* ¿Cómo se llama usted?
EMILIO:	*(Con orgullo)* Juan y yo trabajamos en una tienda de vídeos.
JUAN:	*(Jactándose)* Pero yo no trabajo los lunes porque voy a clases de

Lola

	kárate. *(Hace un movimiento de kárate)*
EMILIO:	*(Intentando superar a JUAN)* Pues yo no trabajo los martes porque nado en un equipo de natación. *(Silencio embarazoso)* ¿Usted suele alquilar vídeos? ¿Le gustan las películas? *(Le susurra a JUAN)* Esta mujer no habla mucho.
JUAN:	*(Se sienta junto a ella en un banco y, disimuladamente, pone un brazo en el banco tras su espalda)* Señorita, veo que le gusta mucho mirar la naturaleza. Los árboles son muy bonitos, ¿no? Una familia de ardillas vive en este árbol. Mi amigo y yo paseamos por aquí todos los días. Miramos los árboles, escuchamos el canto de los pájaros… ¡Discúlpeme, señorita, un mosquito le va a picar en el brazo! *(Da una palmada al mosquito imaginario, activando así la voz de LOLA)*
LOLA:	¡Ven conmigo! ¡Juntos vamos a explorar las carreteras y los caminos en mi lujoso coche nuevo!
JUAN:	*(Sorprendidísimo, da un salto)* ¿Qué? *(Mira a EMILIO, quien encoge los hombros, anonadado)* ¿Señorita, está bien? *(Le toca delicadamente el brazo)* ¿Señorita?
LOLA:	¡Ven conmigo! ¡Juntos vamos a explorar las carreteras y los caminos en mi lujoso coche nuevo!
JUAN:	*(Con un poco de aprensión)* ¿Tiene usted un coche nuevo? *(Cae otra piña sobre el brazo de LOLA)*
LOLA:	¡Ven conmigo! ¡Juntos vamos a explorar las carreteras y los caminos en mi lujoso coche nuevo!
EMILIO:	*(Nervioso porque se da cuenta de que a esta chica le pasa algo raro)* Gracias, señorita, pero ahora no puedo explorar las carreteras y caminos con usted porque tengo que trabajar. *(Le toca el brazo)* ¿Recuerda que trabajo en la tienda de vídeos?
LOLA:	¡Ven conmigo! ¡Juntos vamos a explorar las carreteras y los caminos en mi lujoso coche nuevo!
EMILIO:	*(Inquieto y enfadado)* Señorita, ¡usted tiene un problema! ¡No sé cuál es, pero no quiero explorar el mundo con usted. *(Le toca de nuevo el brazo con énfasis)* ¡Ni siquiera quiero explorar este parque con usted!
LOLA:	¡Ven conmigo! ¡Juntos vamos a explorar las carreteras y los caminos en mi lujoso coche nuevo!
EMILIO:	*(Muy nervioso, se agacha frente a ella y la agarra por los codos)* ¡Usted necesita explorar un hospital!

Lola 4

LOLA: ¡Ven conmigo! ¡Juntos vamos a explorar las carreteras y los caminos en mi lujoso coche nuevo!
(En este momento entran RAÚL y RUBÉN. Corren hacia LOLA muy preocupados cuando ven a JUAN y EMILIO molestándola)

RAÚL: ¡Lola! ¿Estás bien?

RUBÉN: ¡Si Lola no está bien, llamamos a la policía!
(JUAN y EMILIO se echan hacia atrás cuando ven que RAÚL y RUBÉN comprueban con cuidado el estado de los brazos, cuello y cabeza de LOLA)

RAÚL: *(Suspira con alivio)* Cálmate, Rubén. Lola está bien, gracias a Dios. No la vamos a dejar sola en el parque nunca más.

EMILIO: *(Atónito)* ¿Esta señorita extraña tiene dos novios? *(A RUBÉN y RAÚL)* ¡Ustedes están locos! Y la mujer está loca también.

JUAN: ¡Solamente habla de carreteras y coches lujosos! ¡Ustedes pueden explorar las carreteras y los caminos juntos! ¡Vámonos, Emilio! *(JUAN y EMILIO salen)*

RUBÉN: ¡Qué hombres tan extraños! Raúl, toca el brazo del maniquí para ver si todavía habla. *(RAÚL toca el brazo de LOLA)*

LOLA: ¡Ven conmigo! ¡Juntos vamos a explorar las carreteras y los caminos en mi lujoso coche nuevo!

RAÚL: ¡Perfecto! Menos mal. Todavía habla sin problemas.

RUBÉN: Vámonos entonces. La exhibición de coches nuevos empieza dentro de una hora. La dejamos a la entrada. A todo el mundo le encanta ver el robot de Lola. *(La levantan del banco y se la llevan)*

LOLA: ¡Ven conmigo! ¡Juntos vamos a explorar las carreteras y los caminos en mi lujoso coche nuevo! *(Salen todos)*

Fin

La mascota perfecta

Generalidades

PRESENTACIÓN
Laura va a la tienda de animales para comprar la mascota perfecta.

OBJETIVOS LINGÜÍSTICOS
Vocabulario: animales domésticos
Estructuras: expresiones con tener (por ejemplo: tener frío, tener prisa)

NOTAS PARA LA REPRESENTACIÓN
Los clientes que irrumpen en la tienda de animales interrumpiendo al Sr. Reyes y a Laura deben resultar histriónicos, muy animados. Serán ellos quienes mantengan despierta la atención del público con su participación: entran siempre justo cuando el Sr. Reyes está a punto de revelar el nombre del animal misterioso, prolongando así el suspense.

PARA AUMENTAR LA DURACIÓN DE LA OBRA
Pueden crearse nuevos y originales personajes que entrarán por error en la tienda de animales. También se pueden añadir nuevos diálogos en los que Laura elige otras mascotas tradicionales y el Sr. Reyes siempre encuentra razones para que no los elija.

PARA REDUCIR LA DURACIÓN DE LA OBRA
Omitir algunos clientes o partes de sus diálogos.

PERSONAJES: 6 Actores
LAURA: (una cliente muy sensible, de entre 17 y 24 años)
Sr. REYES: (el dueño de la tienda de animales)
Sra. GÓMEZ: (un ama de casa con mucha prisa, cliente)
Sr. GARCÍA: (un granjero muy tranquilo, cliente)
Sra. MOYÁ: (un cliente distraído)
Sr. CAMPOS: (un ejecutivo, cliente)

ESCENARIO:
Una tienda de animales: un largo mostrador con varios libros sobre el cuidado de los animales, pósters de mascotas colgados por las paredes, jaulas vacías.

ACCESORIOS:
Una pequeña jaula con virutas y otros objetos para una pequeña mascota como por ejemplo un hámster o una iguana, un trapo para limpiar, una lista de la compra.

La mascota perfecta

SE LEVANTA EL TELÓN:

LAURA, cartera en mano, entra en una tienda de animales y se acerca al mostrador donde el Sr. REYES está ocupado limpiando una jaula con un trapo.

LAURA:	Buenas tardes.
Sr. REYES:	Buenas tardes, señorita. Un momento, por favor.
LAURA:	Está bien. No tengo prisa. *(Se entretiene mirando los pósters de las paredes)*
Sr. REYES:	Ya está. Esta jaula está limpia. ¿En qué puedo ayudarle?
LAURA:	Quiero comprar un animal.
Sr. REYES:	Muy bien: ésta es una tienda de animales. ¿Qué animal quiere?
LAURA:	Quiero un animal diferente de los de mis amigos. Quiero comprar un cerdito.
Sr. REYES:	¡Un cerdito! Ése sí que es un animal diferente.
LAURA:	Sí. Los cerditos son muy inteligentes y en realidad son animales muy limpios.
Sr. REYES:	Tiene razón, señorita. Son limpios y son inteligentes. Pero desgraciadamente hay un gran problema con los cerditos.
LAURA:	¿Cuál es el problema?
Sr. REYES:	El problema es que los cerditos siempre tienen calor. Es necesario bañarlos todos los días.
LAURA:	Entonces no quiero comprar un cerdito. ¿Qué animal me recomienda?
Sr. REYES:	Aquí tengo el animal perfecto. *(Se agacha para coger una pequeña jaula y la coloca sobre el mostrador)*
LAURA:	*(Se asoma para ver el interior de la jaula)* ¿Qué animal es?
Sra. GÓMEZ:	*(De repente entra en la tienda y se acerca corriendo al mostrador)* ¡Oiga, tengo mucha prisa! *(Mira su lista de la compra)* Necesito

La mascota perfecta

	comprar dos kilos de tomates, doscientos gramos de jamón y un litro de leche.
Sr. REYES:	*(Enfadado)* Éste no es un supermercado, señora.
Sra. GÓMEZ:	*(Sorprendida)* ¿No?
Sr. REYES:	¡No! ¿Ve las jaulas? Ésta es una tienda de animales.
Sra. GÓMEZ:	*(Disculpándose)* ¡Oh! ¡Qué vergüenza! Busco un supermercado. Es casi hora de comer y mi familia tiene mucha hambre. Gracias. Adiós. *(Sale)*
LAURA:	Señor, si no compro un cerdito, quiero comprar un perro.
Sr. REYES:	¡Un perro!
LAURA:	*(Con vehemencia)* Sí. Los perros son muy amistosos y leales.
Sr. REYES:	Tiene razón, señorita. Los perros sí son muy amistosos y leales. Pero desgraciadamente hay un gran problema con los perros.
LAURA:	¿Cuál es el problema?
Sr. REYES:	El problema es que tienen hambre todo el día. Comen mucho.
LAURA:	Esto no me importa.
Sr. REYES:	Siempre tienen sed también. Y cuando tienen sed los perros grandes van al cuarto de baño a beber...
LAURA:	¡Qué horror! Entonces no quiero comprar un perro grande. Quiero comprar un perro pequeño.
Sr. REYES:	El problema con los perros pequeños es que tienen miedo.
LAURA:	No me importa. A veces yo tengo miedo también.
Sr. REYES:	Sí, pero cuando un perrito tiene miedo, ladra. Ladra mucho. Ladra por la noche cuando tienes sueño y quieres dormir.
LAURA:	*(Desilusionada)* Entonces no quiero comprar un perro. ¿Qué animal me recomienda?
Sr. REYES:	Tengo el animal perfecto en esta jaula. *(Señala la jaula que está sobre el mostrador)*
LAURA:	¿Qué animal es?
Sr. GARCÍA:	*(Entra, echa una ojeada y se acerca con calma al mostrador)* Hola. Quiero comprar un animal muy grande y útil. Quiero comprar una vaca.
Sr. REYES:	¡No vendo vacas aquí!
Sr. GARCÍA:	¿No es una tienda de animales?
Sr. REYES:	¡Sí, pero no vendo vacas! Las vacas están en las granjas.
Sr. GARCÍA:	¿Aquí no venden caballos tampoco?
Sr. REYES:	¡No!
Sr. GARCÍA:	Vaya, ¡qué mala suerte tengo hoy! Gracias. Adiós. *(Sale)*

La mascota perfecta

LAURA:	Bueno, señor, si no compro un perro, quiero comprar un gato. Los gatos son muy graciosos.
Sr. REYES:	Tiene razón, señorita. Los gatos sí son muy graciosos. Pero... *(Suspira)* desgraciadamente hay un gran problema con los gatos.
LAURA:	¿Cuál es el problema ahora? Un gato no tiene calor. No tiene hambre ni sed y no tiene miedo.
Sr. REYES:	El problema con los gatos es que siempre tienen sueño. Quieren dormir todo el día. Un gato no es un animal muy interesante.
LAURA:	Entonces no quiero comprar un gato tampoco. ¿Qué animal me recomienda?
Sr. REYES:	El animal perfecto está en esta jaula. *(Señala la jaula del mostrador)*
LAURA:	¿Qué animal es?
Sra. MOYÁ:	*(Irrumpe en la tienda y corre hacia el mostrador)* ¡Tengo mucha prisa! Dos limonadas, por favor.
Sr. REYES:	Señora, ésta es una tienda de animales. ¡No es un restaurante!
Sra. MOYÁ:	¿No? ¡Pero tengo sed! Mi hija y yo tenemos sed.
Sr. REYES:	Lo siento mucho, señora. No es un restaurante. ¿Ve las jaulas?
Sra. MOYÁ:	¡Qué lástima! Tengo mucha sed. Gracias. Adiós. *(Sale)*
Sr. REYES:	¡Ay, qué dolor de cabeza tengo!
LAURA:	Bueno, señor, si no compro un gato, quiero comprar un loro. Un loro habla y es un buen compañero.
Sr. REYES:	Tiene razón, señorita. Un loro sí habla y es un buen compañero. Pero desgraciadamente hay un gran problema con los loros.
LAURA:	*(Perdiendo la calma)* ¿Cuál es el problema? Un loro no tiene calor. No tiene mucha hambre ni sed. No tiene miedo y no tiene sueño todo el día.
Sr. REYES:	El problema con los loros es que siempre tienen frío. Y si un loro tiene frío se enferma de gripe. Cuando un loro tiene la gripe es una situación muy grave.
LAURA:	Entonces no quiero comprar un loro. ¿Qué animal me recomienda?
Sr. REYES:	El animal perfecto está en esta jaula.
LAURA:	¿Qué animal es?
Sr. REYES:	Es una... *(con mucho cuidado, saca de la jaula una piedra)* "piedra domesticada".
LAURA:	*(Incrédula)* ¿Es una piedra?
Sr. REYES:	Una piedra domesticada, señorita. Nunca tiene hambre ni sed. Nunca tiene calor ni frío. Nunca tiene miedo ni sueño. Nunca

La mascota perfecta

	tiene la gripe. ¡Una piedra domesticada es la compañera perfecta!
LAURA:	Señor, ¡es ridículo! ¡No quiero comprar una piedra! ¡Una piedra no es un animal perfecto!
Sr. CAMPOS:	*(Entra en la tienda; caminando enérgicamente se acerca al mostrador)* Buenos días, señor. Mi hija está enferma. Le duele mucho la garganta. Quiero hacerle un regalo muy especial.
Sr. REYES:	¿Cuántos años tiene su hija?
Sr. CAMPOS:	Tiene nueve años.
Sr. REYES:	¡Muy bien! ¡Usted tiene mucha suerte porque aquí tengo el animal perfecto para su hija! *(Le enseña la piedra)*
Sr. CAMPOS:	*(Encantado)* ¡Fantástico! Es una piedra domesticada, ¿verdad? ¡Es una idea perfecta! ¿Cuánto cuesta?
Sr. REYES:	La piedra domesticada y su jaula cuestan veintisiete euros, señor.
Sr. CAMPOS:	¡Y además es barato! Muy bien. *(Se intercambian el producto y el dinero; el Sr. CAMPOS sale muy satisfecho)*
LAURA:	*(Suspira, resignada)* Está bien. Yo también quiero comprar una piedra.
Sr. REYES:	¿Una piedra domesticada?
LAURA:	*(Irritada)* Sí, una piedra domesticada.
Sr. REYES:	¡Oh, lo siento mucho, señorita! Las piedras domesticadas son muy populares en esta tienda. Ya no tengo más. ¿Qué otro animal quiere?

Fin

El cumpleaños

▰▰Generalidades

PRESENTACIÓN
La acción se desarrolla en Méjico. Marcelo intenta por todos los medios llegar a tiempo a la fiesta de cumpleaños de su novia, Francisca. Pero siempre hay algo que le retrasa, así que llega demasiado tarde... ¿o demasiado pronto?

OBJETIVOS LINGÜÍSTICOS
Vocabulario: edificios y palabras relacionadas con la ciudad
Estructuras: decir la hora, preguntar y dar direcciones

NOTAS PARA LA REPRESENTACIÓN
El papel de Marcelo requiere un gran esfuerzo interpretativo, ya que tiene mucho diálogo y acción. Los otros cinco personajes tienen aproximadamente el mismo número de frases y existen básicamente para dificultar la llegada a la fiesta de Marcelo. Como telón de fondo del escenario, se puede dibujar la calle de una ciudad con edificios, señales, una parada de autobús, etc., en un gran rollo de papel o en una tela blanca. Marcelo llevará siempre consigo el regalo.

PARA AUMENTAR LA DURACIÓN DE LA OBRA
Nuevas formas de estorbar a Marcelo: 1) Pierde su regalo y debe buscarlo; 2) Se encuentra con unos amigos, que insisten en que debe tomar algo con ellos; 3) Toma un taxi, pero el taxi lo lleva al aeropuerto por error.

PARA REDUCIR LA DURACIÓN DE LA OBRA
Omitir el papel de la Sra. Cordero.

ACLARACIONES CULTURALES
En esta obra, ambientada en Méjico, un joven está llegando tarde a la fiesta de los quince años de su novia. En los países caribeños, centroamericanos y especialmente en Méjico, una chica alcanza su "madurez" cuando cumple quince años y por ello se celebra una fiesta muy especial. Primero, la familia y los amigos van a una misa especial en su honor, después de la cual se sacan fotos. Luego, se reúnen en un gran banquete que se sirve en un "salón" y, por fin, la fiesta culmina en un baile. La muchacha festejada, conocida como la quinceañera, tradicionalmente está acompañada por catorce chicos, además de su novio, "el chambelán de honor".

PERSONAJES: 6 Actores
MARCELO: (un chico de entre 15 y 18 años)
ANTONIO: (un conductor de autobús)
Sra. MUÑOZ: (una amable mujer)
Sra. CORDERO: (una enfermera que está de compras)
POLICÍA
FRANCISCA: (la chica del cumpleaños, hoy cumple 15 años)

ESCENARIO:
Ninguno: se trata de un área imaginaria de la ciudad.

ACCESORIOS:
Dos relojes (para MARCELO y el POLICÍA), una tarjeta de invitación, un paquete de regalo con un espejo de mano, un autobús de cartón (pueden realizarlo los alumnos con un cartón y agujeros para simular las ventanillas), una bolsa de la compra llena de productos, un cartel que indique un hospital, un silbato de policía, un bolso.

El cumpleaños

SE LEVANTA EL TELÓN:

Entra MARCELO con un bonito paquete de regalo. Saca una invitación de su bolsillo y la lee en silencio.

MARCELO:	*(Hablando para sí mismo y para el público)* Hoy es la fiesta de los quince años de mi novia, Francisca. Es un día muy importante y no puedo llegar tarde. ¿Qué hora es? *(Mira el reloj)* ¡Es la 1:30 de la tarde! ¡La misa empieza a las 2:30! ¡Dios mío, tengo mucha prisa! Voy a tomar un taxi para llegar a la iglesia a tiempo. *(Se coloca en el borde de una acera imaginaria y llama a un taxi)* ¡Taxi! ¡Taxi! *(Espera impacientemente, luego grita con voz irritada)* ¿Dónde están los taxis?
Sra. MUÑOZ:	*(Entra y se acerca a MARCELO)* Perdón. ¿Busca usted un taxi?
MARCELO:	¡Sí! Necesito un taxi.
Sra. MUÑOZ:	Los taxis no vienen por aquí. Nunca hay taxis en esta calle.
MARCELO:	Señora, es la 1:40 y necesito estar en la iglesia a las 2:30 en punto. ¿Cómo puedo llegar rápidamente a la Iglesia de Santo Domingo?
Sra. MUÑOZ:	Usted puede tomar el autobús número 37. ¡Mire! ¡Aquí viene!
MARCELO:	*(Aliviado)* ¡Fantástico! ¡Gracias! *(Espera a que llegue el autobús)* ¡Por fin!
ANTONIO:	*(Entra, "conduciendo" su autobús de cartón, se para cerca de MARCELO y abre la puerta del autobús)*
MARCELO:	Hola. ¿Va este autobús a la Iglesia de Santo Domingo?
ANTONIO:	Sí, pero primero hacemos una parada en la universidad y luego otra parada en el mercado.
MARCELO:	¿A qué hora llega el autobús a la Iglesia de Santo Domingo?
ANTONIO:	Vamos a ver... Llegamos a la universidad a las 2:00. Llegamos al mercado a las 2:15. Luego llegamos a la Iglesia de Santo Domingo a las 2:30.

El cumpleaños

MARCELO: ¡Perfecto! *(Sube en el autobús y se sienta, mirando el reloj)* Son las dos menos cuarto. *(Viajan tranquilamente durante un rato)*

ANTONIO: *(Para el autobús con un gran chirriar de frenos)* ¡Primera parada! ¡La universidad!

MARCELO: *(Mira el reloj y asiente con la cabeza, complacido)* Son las 2:00 en punto. *(El autobús arranca de nuevo)*

ANTONIO: *(Frena otra vez)* ¡Segunda parada! ¡El mercado!

MARCELO: *(Asiente de nuevo, contento)* Son las dos y cuarto. Muy bien. *(El autobús arranca)* Voy a llegar a la iglesia a las 2:30 y Francisca va a estar muy contenta. *(De pronto, el autobús comienza a hacer extraños ruidos metálicos y poco a poco se para)*

ANTONIO: *(Baja del autobús, se pone frente a él examinándolo y comenta, pensativo)* Hmmm... Parece que hay un problema con el autobús...

MARCELO: ¿Qué pasa?

ANTONIO: No sé... a lo mejor hay un problema con la transmisión. *(Frunce el ceño, pensando)* Este autobús está averiado. Tiene usted que bajarse.

MARCELO: *(Presa del pánico)* ¡Pero son las 2:20! ¡La misa del cumpleaños de mi novia empieza a las 2:30! ¿Qué voy a hacer?

ANTONIO: *(Indiferente, se encoge de hombros)* Lo siento mucho. Usted puede caminar. ¡Buena suerte!

MARCELO: ¿Dónde está la Iglesia de Santo Domingo?

ANTONIO: Vamos a ver... Está al final de esta avenida... a dos kilómetros de aquí, más o menos, todo recto.

MARCELO: ¡Dos kilómetros!

ANTONIO: Sí, dos... o quizás tres. Tendrá que atravesar muchos cruces. ¡Buena suerte! ¡Adiós! *(ANTONIO sale, empleando toda su fuerza para empujar el autobús hacia fuera)*

MARCELO: *(Empieza a caminar, murmurando en voz alta)* Oh, no, no, no, no. ¡Qué mala suerte! Mi novia cumple quince años hoy. Tiene una misa especial y después, su fiesta de los quince años. Yo soy el chambelán de honor... y voy a llegar tarde. *(Mira el reloj y gime)* Son las 2:30. En este momento en la Iglesia de Santo Domingo empieza la misa. Y ¿dónde estoy yo? ¡En el mismo centro de la ciudad! *(Sigue caminando)*

Sra. CORDERO: *(Entra llevando una gran bolsa de la compra; de pronto se tropieza y se cae; todos los productos salen disparados de la bolsa)* ¡Ay! ¡Mi tobillo! *(Se lamenta mientras se sujeta el tobillo)*

El cumpleaños

MARCELO:	¡Señora! ¿Cómo está? ¿Qué le pasa? *(Se arrodilla para ayudarla)*
Sra. CORDERO:	*(Oscilando hacia adelante y hacia atrás a causa del dolor)* Me duele mucho el tobillo.
MARCELO:	¿Puede caminar?
Sra. CORDERO:	*(Con un dolor terrible)* No, no puedo caminar. Tengo que ir al hospital. ¡Ay! ¡Cuánto me duele el tobillo!
MARCELO:	¿Hay un hospital cerca de aquí?
Sra. CORDERO:	Sí, está cerca... en la segunda calle a la izquierda. Soy enfermera de ese hospital.
MARCELO:	*(Mira su reloj con tristeza)* Ya son las 3:09. *(Suspira)* Yo la ayudo a caminar. *(La ayuda a levantarse)*
Sra. CORDERO:	Gracias. Pero mis compras... ¡Ay, mi tobillo!
MARCELO:	*(Recoge sus cosas, las mete en la bolsa de la compra)* Yo cargo con su bolsa, señora. *(La Sra. CORDERO se apoya en MARCELO, y juntos se dirigen al hospital)* Hasta luego, señora. Tengo que ir a la Iglesia de Santo Domingo ahora.
Sra. CORDERO:	*(Aún dolorida, pero agradecida)* Gracias. Muchas gracias por todo. La Iglesia de Santo Domingo no está lejos. Está a pocos metros de aquí, al final de la avenida. *(La Sra. CORDERO sale, cojeando)*
MARCELO:	*(Comienza a caminar de nuevo, murmurando en voz alta)* Ahora, ¿qué hora es? *(Consulta el reloj)* ¡Son las 3:38! ¡Pobre de mí! ¿Qué voy a hacer? Ahora la misa ha terminado. Probablemente toman las fotos en este momento. Y yo, el chambelán de honor, aquí estoy en la avenida central, a unos metros de la Iglesia de Santo Domingo. Francisca me va a matar. ¡La mamá de Francisca me va a matar también! No voy a caminar. ¡Voy a correr! *(Empieza a correr)*
POLICÍA:	*(Entra plácidamente, haciendo oscilar el silbato con una mano; cuando ve a MARCELO corriendo desconfía de él y pita con el silbato, llamándolo)* ¡Muchacho! ¡Párate en el nombre de la ley! ¡Ven aquí! ¡Pon las manos en la cabeza! *(MARCELO pone las manos en la cabeza y el policía lo observa con aire inquisitivo)* ¿A dónde vas?
MARCELO:	¡Voy a la Iglesia de Santo Domingo!
POLICÍA:	¿Sí? ¿Por qué corres?
MARCELO:	Porque es muy tarde. Es el cumpleaños de mi novia. Todos celebran una misa a las 2:30.
POLICÍA:	*(Mira el reloj)* Son las 3:45.

El cumpleaños

MARCELO:	Es muy, muy tarde. Llevo mucho retraso.
POLICÍA:	Es muy, muy tarde y llevas mucho, mucho retraso. ¿Qué tienes en el paquete?
MARCELO:	Es un regalo para mi novia.
POLICÍA:	¿Un regalo? ¿Qué es?
MARCELO:	Es un espejo de plata.
POLICÍA:	Ábrelo, por favor.
MARCELO:	Señor, ¡por favor! Es muy tarde. No tengo tiempo.
POLICÍA:	¿Tienes tiempo para acompañarme a la comisaría de policía entonces?
MARCELO:	*(Suspira desesperado, abre el regalo y se lo enseña al policía)*
POLICÍA:	*(Examina el espejo)* Es un espejo.
MARCELO:	Sí.
POLICÍA:	Muy bien. Puedes irte. La Iglesia de Santo Domingo está cerca de aquí, al final de la avenida. ¡Disfruta de la fiesta!
MARCELO:	*(Se pone a correr de nuevo, mirando el reloj)* ¡Oh, no! ¡Son las 4:05!

● ● ● ● ● ● ● ● ● ●

FRANCISCA:	*(Entra apaciblemente, balanceando su bolso)* ¡Marcelo, mi amor! ¡Qué sorpresa!
MARCELO:	¡Francisca! *(Jadeando, para de correr y la mira anonadado)* ¿Qué haces en el centro hoy?
FRANCISCA:	Yo voy de compras. Busco zapatos nuevos para mi fiesta de quinceañera.
MARCELO:	*(Pasmado)* ¿Tu fiesta de quinceañera? *(Mira el reloj)* Son las 4:20. ¿Qué pasa con la misa? ¿Y las fotos? ¡La fiesta y el baile a las 6:00, dentro de menos de dos horas!
FRANCISCA:	*(Se ríe alegremente)* ¡Ay, Marcelo, qué tonto eres! Mira la invitación. ¡Hoy no es mi fiesta de quinceañera! ¡Es el sábado que viene!

Fin

Jorge está enamorado

▬Generalidades

PRESENTACIÓN
Jorge intenta por todos los medios llamar la atención de Yolanda, pero ella sólo tiene ojos para su libro de gatos.

OBJETIVOS LINGÜÍSTICOS
Vocabulario: Partes del cuerpo, productos de una cafetería

NOTAS PARA LA REPRESENTACIÓN
¡IMPORTANTE! A lo largo de las actuaciones de Jorge y Alejandro, Yolanda y Arancha deben tener sus cabezas muy juntas, observando con atención el libro y comentando lo que ven, sin hacer caso de lo que dicen los chicos. Del mismo modo, cuando Jorge está en la mesa de las chicas, Alejandro debe estar absorto en su comida.

PARA AUMENTAR LA DURACIÓN DE LA OBRA
Añadir más diálogo con nuevas partes del cuerpo: Alejandro le explica a Jorge por qué su aspecto es muy distinto del de una estrella de cine. Jorge puede además hablar sobre la belleza de Yolanda.

PARA REDUCIR LA DURACIÓN DE LA OBRA
Omitir el diálogo que trata de cómo caminar con seguridad, con los hombros echados hacia atrás; también el diálogo sobre la canción.

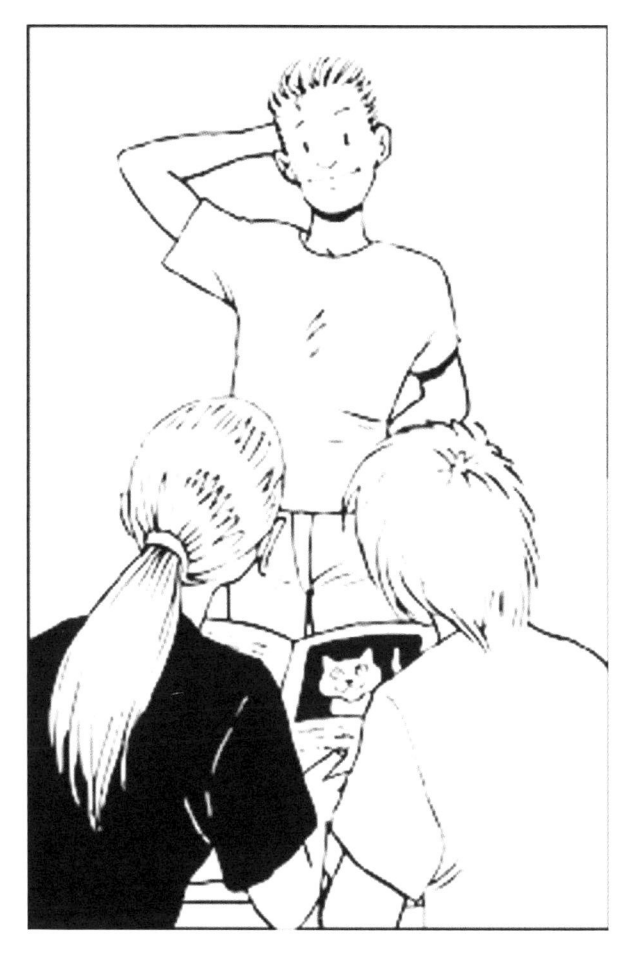

PERSONAJES: 4 Actores
JORGE: (un estudiante de la escuela secundaria o superior, inseguro y perdidamente enamorado de YOLANDA)
ALEJANDRO: (amigo fiel, aunque insensible, de JORGE)
YOLANDA: (una atractiva estudiante de la escuela media o superior, a quien le encantan los gatos)
ARANCHA: (amiga de YOLANDA)

ESCENARIO:
La cafetería de una escuela, que contiene al menos dos mesas largas.
Opcional: se pueden colgar por las paredes pósters relacionados con los cuatro grupos de alimentos y el menú del día.

ACCESORIOS:
Un libro sobre gatos grande y a todo color, dos bandejas de cafetería con platos, servilletas y los siguientes alimentos: zanahorias, puré de patatas, galletas, una pieza de carne de cualquier tipo y unos cartoncitos de leche.

Jorge está enamorado

SE LEVANTA EL TELÓN: *YOLANDA y ARANCHA están sentadas juntas en una mesa, mirando y comentando tranquilamente las páginas de un libro sobre gatos. YOLANDA tiene los codos apoyados en la mesa. JORGE y ALEJANDRO están sentados en una mesa cercana a la de ellas con sus bandejas de comida. ALEJANDRO está comiendo con gran deleite y JORGE está observando embelesado a YOLANDA.*

ALEJANDRO:	*(Mira con interés la bandeja de Jorge)* ¿Vas a comerte las zanahorias?
JORGE:	*(Extasiado)* No... no tengo hambre.
ALEJANDRO:	¿Me las das?
JORGE:	¿Qué?
ALEJANDRO:	Las zanahorias. *(Alzando la voz)* Las zanahorias de tu plato. ¿Qué pasa contigo hoy?
JORGE:	Mira a esa chica de ahí. Es guapísima, ¿no crees?
ALEJANDRO:	*(Mientras rebaña las zanahorias de JORGE y las echa en su bandeja)* ¿Qué chica? Hay muchas chicas en la cafetería. Y muchas son guapas.
JORGE:	La muchacha del pelo rubio largo, los ojos azules y los labios rojos.
ALEJANDRO:	*(Echando una ojeada por la cafetería)* ¿La que se pinta las uñas?
JORGE:	No, la chica que tiene los codos en la mesa. Ahora mira un libro con una amiga.
ALEJANDRO:	*(Con indiferencia)* Sí, ya la veo. Sí, es guapa. *(Mucho más interesado)* ¿Vas a tomarte la leche?
JORGE:	Quiero conocerla.
ALEJANDRO:	Vale, pero dame tu leche primero. *(Coge la leche de JORGE)* Gracias.
JORGE:	*(Se levanta, da un profundo respiro y camina hacia la mesa de las chicas. Éstas están muy concentradas comentando las fotos de un*

Jorge está enamorado

libro sobre gatos. JORGE se dirige a YOLANDA) Hola. Me llamo Jorge. ¿Cómo te llamas?

YOLANDA Y ARANCHA:	*(Descubren la presencia de JORGE y empiezan a reírse entre ellas)*
JORGE:	*(Sorprendido e incómodo)* ¿Qué? ¿Por qué os reís de mí?
YOLANDA:	*(Aún riendo)* Pues, Jorge, porque tienes puré de patatas en la cara.
JORGE:	*(Avergonzado)* ¡Oh, perdonad! *(Retrocede hacia su mesa y se sienta)* Alejandro, ¿tengo puré de patatas en la cara?
ALEJANDRO:	*(Se ríe)* Sí. ¡Qué vergüenza! Tienes puré de patatas en las mejillas y en la barbilla también.
JORGE:	*(Se limpia la cara con la servilleta)* ¿Cómo está mi cara ahora?
ALEJANDRO:	Pues tan fea como siempre, pero por lo menos ya no tienes puré de patatas en las mejillas. ¿Vas a terminar las patatas?
JORGE:	*(Distraídamente)* No, gracias. ¿Cómo se llama esa chica? Necesito hablar con ella otra vez. *(Se levanta, vuelve a la mesa de las chicas y espera con paciencia)*
ARANCHA:	Estos gatos son interesantes, ¿no crees? Tienen las orejas dobladas y casi no tienen cola.
YOLANDA:	Sí, son muy raros. Casi no tienen cuello tampoco. Tienen mucho pelo y se ve casi de color azul.
JORGE:	*(Intenta hablarles)* Hola otra vez.
YOLANDA:	*(Sorpredida, alza la vista y dice con todo de burla)* ¡Mira, Arancha! ¡Es el chico del puré de patatas en la cara!
JORGE:	*(Con aplomo)* Hola. Me llamo Jorge. ¿Cómo te llamas?
YOLANDA:	Me llamo Yolanda.
JORGE:	Mucho gusto en conocerte, Yolanda. ¿Quieres ir a tomar algo conmigo después de las clases hoy?
YOLANDA:	*(Amablemente pero sin concesiones)* No, gracias. Hoy no tengo tiempo.
JORGE:	¿Mañana quizás?
YOLANDA:	No, tampoco. *(Lo ignora y vuelve a observar el libro)* Mira, Arancha, ¿qué piensas de los gatos "siameses"?
ARANCHA:	Me encantan sus ojos azules y su cuello largo, pero para mí los cuerpos y las piernas de los gatos siameses son demasiado delgados.
JORGE:	*(Derrotado, vuelve a su mesa y se sienta, cabizbajo y con los hombros caídos)* Esa chica no siente ningún interés por mí. ¿Por qué, Alejandro?

Jorge está enamorado

ALEJANDRO:	Quizás ella prefiere a los hombres musculosos.
JORGE:	¡Pero soy musculoso! Mira mis brazos. *(Muestra sus músculos)* Mis piernas también son musculosas. ¡Mira!
ALEJANDRO:	Jorge, por favor, no quiero admirar tu cuerpo. ¿Vas a comprar un helado hoy?
JORGE:	Voy a mostrarle los músculos de mis brazos y mis piernas. *(Decidido, se levanta y vuelve a la mesa de las chicas; una vez allí pone en muestra sus músculos, intentado llamar su atención)* Hola otra vez.
YOLANDA:	*(Suspirando)* Sí, Juan.
JORGE:	No, mi nombre es "Jorge". Yolanda, ¿quieres ir al gimnasio conmigo? Voy al gimnasio todas las tardes.
YOLANDA:	No, gracias.
JORGE:	¿Este sábado entonces?
YOLANDA:	*(Con énfasis)* No, gracias. *(Vuelve la cabeza hacia el libro)* ¡Mira, Arancha! Aquí hay fotos de gatitos. ¡Son preciosos!
ARANCHA:	Sí, son preciosos. Los cuerpos son tan pequeños mientras los ojos, las orejas y las patitas son tan grandes...
JORGE:	*(Abatido, vuelve a su sitio y se sienta)* No, Alejandro, no le interesan ni mis brazos ni mis piernas musculosas.
ALEJANDRO:	Jorge, si me das las galletas de tu plato, yo te doy mis consejos.
JORGE:	Vale. *(Le da a ALEJANDRO sus galletas)*
ALEJANDRO:	*(Hablando mientras come)* Mira, Jorge, tienes que caminar con seguridad. Pon los hombros hacia atrás, y el pecho hacia adelante. *(Hace una demostración)*
JORGE:	¿Los hombros hacia atrás y el pecho hacia adelante? *(Intenta adoptar esta postura)* ¿Así?
ALEJANDRO:	¡Excelente! Ahora, ¡camina con seguridad!
JORGE:	*(Torna a la mesa de las chicas pavoneándose ridículamente)* ¡Hola, Yolanda! Soy yo, Jorge. Ven conmigo al salón de la orquesta: quiero tocar una bonita canción con mi guitarra para ti.
YOLANDA:	*(Enfadada)* Mira, Jorge. *(Hablando cada vez más alto)* No quiero hablar contigo. No quiero tomar nada contigo. ¡No quiero ir al gimnasio contigo! ¡No me interesan tus brazos ni tus piernas musculosas! Y finalmente, ¡no quiero escuchar una canción de guitarra! ¡Solamente quiero ver mi libro de gatos en paz con mi amiga!
ALEJANDRO:	*(Oye estas últimas palabras y de pronto siente un gran interés; se*

Jorge está enamorado

levanta, camina hacia ellas y le dice a Yolanda) Hola. Me llamo Alejandro. ¿Es un libro de gatos? Me gustan mucho los gatos. Tengo una gata que se llama Ada y acaba de tener siete gatitos. Están en la cocina de mi casa. Todavía tienen los ojos cerrados.

ARANCHA: ¡Quiero verlos!
YOLANDA: ¡Sí! ¡Yo también!
ALEJANDRO: ¿Quizás este sábado?
YOLANDA: ¿Qué tal hoy? ¿Después de las clases? Te esperamos delante de la escuela, ¿está bien? Mira. *(Le coge por el brazo y se lo lleva mientras JORGE les observa, desolado)* Yo me llamo Yolanda, y esta es mi amiga, Arancha. ¡Qué brazos tan musculosos tienes! Me encantan los chicos con los brazos musculosos. Vas al gimnasio, ¿no? ¿Cuántas semanas tienen los gatitos? ¿Ya tienen pelo? ¿Puedo tocarlos? *(Su voz se hace cada vez más tenue a medida que YOLANDA, ALEJANDRO y ARANCHA salen, dejando a JORGE clavado y solo)*

Fin

"La Ropa Universal"

██ Generalidades

PRESENTACIÓN

La señora Ortega, dueña de una tienda de ropa, y su empleada, Carmen, intentan desesperadamente vender su extraña tela para todo, la "ropa universal", a un cliente, el señor Pérez.

OBJETIVOS LINGÜÍSTICOS

Vocabulario: ropa
Estructuras: frases útiles para ir de compras (por ejemplo: ¿Cuánto cuesta? Le queda grande), verbos reflexivos (ponerse, quedarle algo a alguien bien/mal)

NOTAS PARA LA REPRESENTACIÓN

Esta obra es pura comedia. Cuanto más ridículo parezca el señor Pérez con la "ropa universal" y más se enfade, mejor. Las vendedoras no se ríen nunca de él, sino que le aseguran seriamente que le queda muy bien. La señora Ortega es el personaje con mayor personalidad entre los dos femeninos. Carmen no tiene muchas ideas ni occurrencias originales y siempre está de acuerdo con lo que dice la señora Ortega.
El señor Pérez recita un pequeño monólogo hacia el final de la obra, en el que está bastante turbado.

PARA AUMENTAR LA DURACIÓN DE LA OBRA

Añadir personajes y diálogo para otros clientes que pueden entrar periódicamente a lo largo de la obra. Pueden pedir prendas para ellos mismos o para otros miembros de sus familias, probárselas, preguntar cómo les quedan, etc.

PARA REDUCIR LA DURACIÓN DE LA OBRA

Unir los personajes de la señora Ortega y de Carmen en uno solo.

PERSONAJES: 3 Actores

Sra. ORTEGA: (la impetuosa dueña de la tienda)
CARMEN: (la devota y obediente empleada de la señora ORTEGA)
Sr. PÉREZ: (un cliente con pocos recursos)

ESCENARIO:

Una tienda de ropa: tiene un bonito cartel en la puerta con el nombre de la tienda: "ROPA PARA TODOS". El mobiliario consiste en una fila de ropa colgada en perchas y un mostrador en el que hay zapatos, calcetines, gorros, guantes, etc.

ACCESORIOS:

*Ropa colgada: pantalones, camisas y chaquetas de caballero y también blusas, faldas y vestidos.
Productos del mostrador: gorros, zapatos, calcetines, bañadores (de hombre y mujer), pijamas.
¡IMPORTANTE! Tres grandes trozos de tela (de 4 a 6 metros cada uno) de distintos colores con los que se pueda envolver a una persona. ¡Cuanto más feas, mejor!
Una lista de la compra, un espejo de mano y un espejo de cuerpo entero (opcional)*

"La Ropa Universal"

SE LEVANTA EL TELÓN: *La Sra. ORTEGA y CARMEN están muy ocupadas colocando la ropa de las perchas y del mostrador. El Sr. PÉREZ entra en la tienda y echa una ojeada a la ropa. Después, mientras la Sra. ORTEGA y CARMEN lo miran, saca de su cartera unos pocos billetes, los cuenta y niega tristemente con la cabeza mientras suspira; luego, se dirige hacia la salida de la tienda. La Sra. ORTEGA le detiene.)*

Sra. ORTEGA:	¡Buenas tardes, señor! ¿Busca usted algo en especial? ¿Busca usted pantalones o zapatos? ¿O quizás una blusa y una falda bonita para su esposa? ¿O quizás un traje de baño para su hija?
Sr. PÉREZ:	*(Tristemente)* Ay... busco de todo. Necesito comprar mucha ropa. Voy de viaje a Francia y necesito mucha ropa nueva... *(Suspira)* Aquí tengo una lista. *(Saca la lista del bolsillo y la lee)* Necesito comprar camisas, pantalones, una chaqueta, un traje de baño, un jersey, unos calcetines, un pijama y un sombrero.
Sra. ORTEGA:	Carmen, por favor muéstrale al señor la ropa que necesita.
CARMEN:	*(Asiente con energía)* ¡Sí, señora! *(Al Sr. PÉREZ)* Aquí en esta tienda, señor, hay de todo. ¡Mire! *(Le muestra cada prenda a medida que las va nombrando)* Hay camisas, jerséis, pantalones y chaquetas para hombre. Y aquí hay calcetines, zapatos y trajes de baño. ¿Quiere probarse algo?
Sr. PÉREZ:	*(Amablemente)* Pues... me gusta mucho la ropa... es perfecta para mi viaje, pero... no... no, gracias. *(Se da la vuelta para salir de la tienda)*
Sra. ORTEGA:	¿Por qué, señor? ¿Cuál es el problema?
Sr. PÉREZ:	Es que... *(abre la cartera)* no tengo mucho dinero. Gracias de todos modos... Adiós. *(Se dirige hacia la salida)*
Sra. ORTEGA:	¡Señor! ¡Espere! Mi ropa no es cara. Carmen, ¡muéstrale al señor que nuestra ropa es de buena calidad, pero barata también!

"La Ropa Universal"

CARMEN: *(Asiente con entusiasmo, como siempre)* ¡Sí, señora! Este hermoso vestido cuesta solamente 26 euros. Y estos pantalones cuestan solamente 18 euros. Y este moderno traje de baño solamente cuesta 14 euros.

Sr. PÉREZ: La ropa es muy bonita, pero... no gracias. Adiós. *(Se vuelve para salir)*

Sra. ORTEGA: ¿Cuánto dinero tiene usted?

Sr. PÉREZ: Tengo 12 euros.

Sra. ORTEGA: *(Reflexiona frenéticamente: no quiere perder la posibilidad de una venta)* Mire, este bonito traje de baño, señor, se lo vendo a 12 euros.

Sr. PÉREZ: Señora, ¡voy a Francia! ¡Necesito mucho más que un traje de baño!

Sra. ORTEGA: *(Se le occurre una gran idea)* ¡Carmen! ¡Trae la Ropa Universal!

CARMEN: ¡Sí, Señora! ¡La Ropa Universal! *(De detrás del mostrador saca una gran tela rectangular y se la da a la Sra. ORTEGA)*

Sra. ORTEGA: *(En tono confidencial)* Esta ropa, señor, solamente cuesta 12 euros.

Sr. PÉREZ: ¿Qué ropa? Yo no veo ninguna ropa.

Sra. ORTEGA: La ropa que tengo en mis manos, señor. Es de la mejor calidad. Tóquela, señor. ¡Qué suave es! ¡Díselo al señor, Carmen!

CARMEN: ¡Sí, Señora! Señor, la Ropa Universal es muy suave.

Sr. PÉREZ: Pero ésta no es ropa. Es tela. Es un rectángulo de tela.

Sra. ORTEGA: *(Desconcertada)* ¡Oh, señor! ¡Usted no sabe nada de la moda! ¡Ésta es "La Ropa Universal". Es muy famosa. Y es muy popular en Francia.

Sr. PÉREZ: *(Titubeante)* ¿La Ropa Universal? ¿Y es popular en Francia?

Sra. ORTEGA: ¡Claro que sí! ¿Verdad, Carmen?

CARMEN: *(Asiente enérgicamente)* ¡Sí, Señora! Es muy popular en Francia.

Sr. PÉREZ: ¿Cómo me pongo esa Ropa Universal?

Sra. ORTEGA: Mire, señor, ¡es fácil! Carmen, ayúdame, por favor. *(La Sra. ORTEGA y CARMEN envuelven rápidamente la cabeza del Sr. PÉREZ con la tela, como si fuera un turbante)* La Ropa Universal es un sombrero. ¡Es un elegante sombrero para usted! ¿No está elegante el señor con su sombrero nuevo, Carmen?

CARMEN: ¡Sí, Señora! El señor está muy elegante. Mírese al espejo, señor. *(Le ofrece un pequeño espejo)*

Sr. PÉREZ: *(Se mira al espejo y se quita la tela de la cabeza con rabia)* ¡Éste no es un sombrero! Es ridículo. *(Coge un sombrero del mostrador)* Éste es un sombrero.

"La Ropa Universal"

Sra. ORTEGA: *(Regañándole amablemente)* Éste sí es un sombrero, señor, pero quizás le queda un poco grande.

Sr. PÉREZ: *(Aún enfadado)* ¡Me queda muy grande!

Sra. ORTEGA: Con la Ropa Universal se hace un par de pantalones también. Carmen, ayúdame, por favor. *(La Sra. ORTEGA y CARMEN envuelven la mitad inferior de su cuerpo con la tela, como si fueran unos pantalones)* ¡Voilá, señor! ¡Pantalones nuevos! Todo el mundo en Francia va a admirar sus nuevos pantalones. ¡Díselo, Carmen!

CARMEN: Señor, ¡todo el mundo en Francia va a admirar sus nuevos pantalones de moda! Mírese al espejo, señor.

Sr. PÉREZ: *(Se mira al espejo y estalla)* ¡Estos no son pantalones! Es ridículo. ¡No puedo caminar!

Sra. ORTEGA: Hmm... *(A CARMEN)* ¿Crees tú que le quedan grandes o pequeños los pantalones?

CARMEN: *(Mira las piernas del Sr. PÉREZ reflexionando)* No sé. En realidad yo creo que le quedan muy bien.

Sr. PÉREZ: *(Enfadándose aún más)* ¡Éstos no son pantalones! *(Se desenvuelve y saca uno de los pantalones colgados en una percha)* ¡Éstos son pantalones!

Sra. ORTEGA: *(Susurrando a CARMEN)* Quizás al señor no le gusta el color.

CARMEN: Sí, Señora. ¡Pero el color es perfecto para una chaqueta!

Sra. ORTEGA: Carmen, ¡es una idea excelente! Ayúdame, por favor. *(Envuelven al pobre Sr. PÉREZ otra vez, esta vez formando una chaqueta)* Mire, señor, los colores de la Ropa Universal reflejan el color de sus ojos. ¿No está guapo el señor, Carmen?

CARMEN: ¡Sí, Señora! El señor está muy guapo. Especialmente los ojos.

Sra. ORTEGA: ¡Qué maravillosa es la Ropa Universal! Ahora usted tiene una chaqueta, pero también *(Coloca la tela mientras parlotea)* ¡tiene un jersey en el otoño y un abrigo en el invierno!

Sr. PÉREZ: Quiero mirarme en el espejo. *(La Sra. ORTEGA se coloca aposta ante el espejo de cuerpo entero para que el Sr. PÉREZ no pueda verse)*

Sra. ORTEGA: Señor, no es necesario verse. La chaqueta le queda muy bien.

Sr. PÉREZ: Quiero verme en el espejo. ¡Por favor, señora! *(Ella se aparta de mala gana del espejo; él se mira al espejo)* ¡Es ridículo! Ésta no es una chaqueta *(Va descolgando cada prenda de su percha y sacudiéndola a medida que habla de ellas)* ¡Ésta es una chaqueta! ¡Señoras, escúchenme! Éstos son calcetines y ésta es tela fea. Éste es un pijama y ésta es tela fea. Éste es un traje de baño y ésta

"La Ropa Universal"

no es nada más que tela fea. Señoras, el problema no es si me queda grande o si me queda pequeña. El problema es simplemente que ¡no me queda! Y, ¿quieren saber por qué no me queda? ¡No me queda porque ésta no es ropa! ¡ES TELA! *(Arroja la tela a las manos de la Sra. ORTEGA)*

Sra. ORTEGA: *(Humildemente, tras un largo silencio)* ¿Es una falda para su hija?

Sr. PÉREZ: *(Firmemente)* No es una falda. Ésta es una falda.

CARMEN: ¿Es un vestido para su esposa?

Sr. PÉREZ: No es un vestido. Éste es un vestido. *(Psicológicamente exhausto)* Miren, señoras, tengo 12 euros. Voy a comprar este traje de baño. Es todo. Gracias. Adiós. *(Les da el dinero, coge el bañador y sale)*

● ● ● ● ● ● ● ● ● ●

Sra. ORTEGA: Carmen, ¿qué hora es?

CARMEN: *(Mira el reloj)* Son las 8:00 de la tarde.

Sra. ORTEGA: ¿Son las 8:00 ya? ¡Qué bien! Vamos a cerrar la tienda. Vamos a cenar. *(Sale de la tienda, pero vuelve inmediatamente, temblando)* ¡Carmen, hace mucho frío fuera! Trae nuestros abrigos, por favor.

CARMEN: *(Asintiendo con energía, como siempre)* ¡Sí, Señora! *(Saca de detrás del mostrador otras dos piezas de tela "Ropa Universal". Las dos mujeres se envuelven en ellas y salen)*

Fin

Trucos de cocina

▰ Generalidades

PRESENTACIÓN

Carlos y Cristina son los dos entusiastas presentadores del popularísimo y estúpido programa televisivo de cocina "Trucos de cocina". Únete a ellos mientras comentan y comparan varios tipos de fruta y contestan a las insustanciales preguntas del apasionado y necio público que se encuentra en el estudio.

OBJETIVOS LINGÜÍSTICOS

Vocabulario: tipos de fruta
Estructuras: concordancia de número y género de los adjetivos

NOTAS PARA LA REPRESENTACIÓN

En esta obra se ridiculizan tanto los presentadores como el público de un programa de televisión. Para representarla, lo mejor será basarse en el tradicional estilo disparatado de los "talk-show": Carlos y Cristina hablan siempre entre ellos y con el público con una actitud de exagerada alegría y sobreexcitación, mientras Belén, Ramiro y Concha, invitados del público, esperan y escuchan embobados todos los estúpidos comentarios de los presentadores como si fueran fuente de sabiduría.
¡IMPORTANTE! Los actores que representan el papel del público siempre deben levantarse cuando van a hablar y sentarse cuando han terminado.

PARA AUMENTAR LA DURACIÓN DE LA OBRA

Añadir nuevos miembros del público con más preguntas estúpidas.
Carlos y Cristina pueden presentar frutas tropicales poco comunes como la papaya, el mango, la guava y la chirimoya.

PARA REDUCIR LA DURACIÓN DE LA OBRA

Omitir el diálogo sobre las fresas y la piña.

PERSONAJES: 5 Actores

CARLOS: (excéntrico presentador de un programa televisivo de cocina)
CRISTINA: (alegre presentadora, compañera de CARLOS)
BELÉN: (invitada del público presente en el estudio)
RAMIRO: (otro invitado)
CONCHA: (otra invitada)

ESCENARIO:

Una cocina muy llamativa: CARLOS y CRISTINA se encuentran detrás de una mesa larga o encimera. Tras ellos, un vistoso cartel anuncia el nombre de su programa, "Trucos de cocina". Frente a la encimera, se colocará al menos una fila de tres sillas para el público formado por BELÉN, RAMIRO y CONCHA, en una posición oblicua respecto a la encimera para que no se impida al público de la clase de español ver al público del programa televisivo.

ACCESORIOS:

CARLOS y CRISTINA llevarán delantales. Habrá una gran fuente entre ellos con manzanas rojas, verdes y amarillas, una naranja, un par de plátanos y un limón. También un plato de uvas verdes y negras, otro de fresas, una piña, dos tablas de cortar, dos cuchillos, dos vasos de zumo.

Trucos de cocina

SE LEVANTA EL TELÓN:

CARLOS y CRISTINA, cada uno con un delantal, están sentados o en pie detrás de la encimera de la llamativa cocina; entre ellos hay una apetitosa fuente llena de fruta y delante de cada uno hay una tabla de madera con un cuchillo. El público (BELÉN, RAMIRO, CONCHA) está sentado en las sillas, frente a los presentadores; empiezan a aplaudir ya antes de que empiece el programa, con gran entusiasmo.

CRISTINA:	¡Buenos días, Carlos!
CARLOS:	¡Buenos días, Cristina! ¿Cómo estás hoy?
CRISTINA:	¡Estoy muy bien, Carlos! Gracias. *(Al público)* ¿Cómo están ustedes hoy?
BELÉN, RAMIRO, CONCHA:	*(Alborotando y gritando hasta desgañitarse y añadiendo comentarios como)* ¡Muy bien! ¡Tengo hambre! ¡Hola Cristina!
CRISTINA:	Estoy muy, muy emocionada porque hoy vamos a explorar un mundo nuevo de comida.
CARLOS:	Y ¿cuál es este mundo nuevo de comida, Cristina?
CRISTINA:	*(Con voz misteriosa)* Pues, Carlos, es algo que tú y nuestro público coméis todos los días: en el desayuno, en el almuerzo y en la cena también. Son de muchos colores, son dulces y tienen mucho zumo. ¿Qué son, Carlos?
CARLOS:	*(Alegremente, confuso)* ¡No tengo ni idea, Cristina! ¿Qué son?
CRISTINA:	*(Al público)* ¿Lo saben ustedes, público querido?
BELÉN, RAMIRO, CONCHA:	*(Libremente, gritando todos al mismo tiempo)* ¡No lo sé! ¿Qué son? ¿Son pasteles?
CRISTINA:	¡Hablo de las frutas!
BELÉN, RAMIRO, CONCHA:	*(Aplauso entusiasta)*
CARLOS:	*(Riendo, se da una palmada en la rodilla)* ¡Las frutas! *(Hablando*

Trucos de cocina

para el público de la televisión con una súbita seriedad) En realidad las frutas son muy importantes en nuestras vidas. Cristina, ¿te gusta la fruta?

CRISTINA: ¡Oh, sí! ¡Me gustan todos los tipos de fruta!

CARLOS: ¿Comes fruta todos los días?

CRISTINA: ¡Por supuesto! Hoy vamos a examinar muchas frutas comunes en nuestro programa, "Trucos de cocina"

CARLOS: *(En tono confidencial)* Yo estoy muy emocionado, Cristina.

CRISTINA: Yo también, Carlos. Así pues, aquí en esta fuente hay muchas frutas que se encuentran en los supermercados.

CARLOS: ¡Muéstranos las frutas, Cristina!

CRISTINA: Muy bien, Carlos. *(Al público)* Y como siempre, en nuestro programa recibimos con mucho placer sus preguntas y sus comentarios. Vamos a comenzar ahora con la manzana. *(Alza en su mano una manzana roja)* Ésta es una manzana. Esta manzana es roja.

CARLOS: ¿Siempre son rojas las manzanas, Cristina?

CRISTINA: ¡Oh no, Carlos! A veces son verdes.

CARLOS: ¡No me digas!

CRISTINA: ¡Sí, Carlos! Y a veces son amarillas.

CARLOS: ¡Increíble!

RAMIRO: Tengo una pregunta, Cristina. ¿Hay manzanas azules también?

CRISTINA: Es una buena pregunta, pero no, las manzanas nunca son azules. Siempre son rojas, verdes o amarillas.

RAMIRO: *(Tratando de fijar en su mente esta nueva información)* Está bien. Gracias.

CARLOS: ¡Espera, Cristina! ¿Qué es lo que veo en la fuente? ¿No es una manzana anaranjada? *(Recoge una naranja)*

CRISTINA: No, Carlos, ésta no es una manzana: es una naranja. La naranja tiene mucho zumo. Mira Carlos, voy a cortarla. *(La corta por la mitad)* Y ahora voy a hacer zumo de naranja. *(Exprime un poco de zumo en un vaso)*

CARLOS: *(Bebiéndolo)* Mmmm, ¡es delicioso! Me gusta el zumo de naranja.

BELÉN: Cristina, primero quiero decirle que me gusta mucho su programa. Además quiero decirle que a veces mi familia toma zumo de naranja para desayunar.

CRISTINA: ¡Muy bien! Si su familia quiere, también pueden tomar zumo de naranja por la tarde y por la noche. ¡Es delicioso a cualquier hora del día!

Trucos de cocina

BELÉN: ¿De veras? ¡Qué fantástica idea! ¡Gracias, Cristina!

CARLOS: Cristina, veo que hay más fruta en la fuente. *(Elige un limón)* Es un limón, ¿no?

CRISTINA: Sí, éste es un limón. El limón tiene zumo, como la naranja. Voy a cortarlo. *(Lo corta y exprime un poco de zumo en un vaso)*

CARLOS: ¿Zumo de limón? ¡Es limonada! ¡Mmmm! Me gusta la limonada. ¡Dámela, Cristina! *(Coge el vaso, pero Cristina se lo quita antes de que pueda beberse el zumo de limón)*

BELÉN, RAMIRO, CONCHA: *(Estallan en una gran risotada y aplauden)*

CRISTINA: *(Riendo)* ¡No, no, no, Carlos! No es limonada todavía. Tienes que echarle agua y azúcar al zumo de limón para hacer una limonada.

BELÉN, RAMIRO, CONCHA: *(Riendo a carcajadas)*

CRISTINA: Bueno, Carlos ¿qué más hay en la fuente?

CARLOS: *(Mostrando un plátano)* Pues, éste es un plátano. ¿Sabes tú, Cristina, que el público casi nunca compra un plátano? Siempre los compra en racimos.

CRISTINA: ¡Qué interesante, Carlos!

CONCHA: *(Vehemente)* Tengo una pregunta; si corta el plátano con el cuchillo, ¿hace zumo de plátano?

CARLOS: ¡Una pregunta excelente! La respuesta es "no". Los plátanos no tienen mucho zumo.

CONCHA: *(Desilusionada y confundida)* Vale, gracias.

CRISTINA: Entonces, ¿qué tenemos que hacer con esta fruta tan rara, Carlos?

CARLOS: Pues, quitas la cáscara así *(hace una demostración)* ¡y luego lo comes!

BELÉN: Mi tía de Canarias corta el plátano y luego lo echa en los cereales con la leche, para desayunar.

CARLOS: *(Con enorme curiosidad)* ¿Cómo? ¿Qué hace su tía con el plátano?

BELÉN: *(Se lo explica muy despacio y con muchos gestos)* Ella corta el plátano y luego lo echa en los cereales con la leche, para desayunar.

CARLOS: ¡Que maravillosa idea! ¡Aprendemos tanto de otras regiones, ¿verdad, Cristina?

CRISTINA: ¡Por supuesto, Carlos!

CONCHA: Una amiga mía pone un plátano en su bolsa para comérselo por la tarde.

Trucos de cocina

CARLOS:	¡Excelente!
RAMIRO:	*(Pensando intensamente)* ¿Podría yo comer un plátano antes de hacer deporte?
CARLOS:	¡Claro que sí! ¿Hay otras preguntas?
BELÉN:	¿Puedo usar un plátano como teléfono? *(Hace una demostración)*
CARLOS:	*(Titubeante)* No lo creo. El plátano no tiene electricidad.
CONCHA:	*(Dando un salto, dice con voz apasionada)* ¡Ya sé! Puedo ponerme un plátano en cada oreja si no quiero escuchar nada! *(Hace una demostración)* No oigo nada. ¡Todo está en silencio!
CARLOS:	Hmm, bueno, quizás... *(La mira perplejo, luego cambia de tema)* ¿Hay más fruta en nuestra fuente, Cristina?
CRISTINA:	No, Carlos, nuestra fuente tiene solamente manzanas, naranjas, limones y plátanos. Pero aquí hay unos platos pequeños con otras frutas.
CARLOS:	*(Incrédulo)* ¿Hay más frutas todavía? ¡No puedo creerlo!
CRISTINA:	Sí, Carlos. En este plato hay uvas verdes y uvas negras.
CONCHA:	¿Cuál es la diferencia entre las uvas verdes y las uvas negras?
CRISTINA:	La diferencia es el color. Éstas son verdes y éstas son negras.
CONCHA:	*(De repente lo entiende todo)* ¡Ah, sí! Ahora entiendo.
CRISTINA:	Este plato tiene fresas. Estas fresas son muy buenas. *(En tono de confidencia)* Mi fruta favorita es la fresa.
BELÉN:	Yo nunca como fresas porque la parte verde tiene un sabor horrible.
CRISTINA:	En realidad no tiene que comer la parte verde.
BELÉN:	*(Alegremente)* ¿No? ¡Qué bien! ¡Gracias! ¡Voy a comer fresas mañana!
CARLOS:	Lo siento mucho, pero solamente nos quedan dos minutos más de nuestro programa, "Trucos de cocina"
RAMIRO:	¿Hay alguna fruta muy grande?
CRISTINA:	Sí, y tienes suerte porque aquí la tengo. Ésta es la piña.
RAMIRO:	*(Con desconfianza)* ¿Ésta es una fruta? ¿No es un animal exótico?
CRISTINA:	Es una piña, y sí, es una fruta. Es una fruta tropical y es muy conocida.
CARLOS:	Hay tiempo para una sola pregunta más.
CONCHA:	¿Qué hago si voy al supermercado y compro muchas manzanas, uvas, naranjas, plátanos, fresas y piñas, y quiero comerlas todas al mismo tiempo?
CARLOS:	*(Frunciendo el ceño)* Hmmm. Es un problema difícil. ¿Cristina?

Trucos de cocina

CRISTINA:	¡No es un problema! En este caso, puedes cortarlas todas y hacer una macedonia.
CONCHA:	¡Una macedonia! ¡Divino! ¡Gracias!
CARLOS:	Cristina, eres la reina de las frutas. ¡No sé cómo se te occurren esas ideas tan imaginativas!
CRISTINA:	¡Gracias, Carlos! *(Ofrece la fruta al entusiasmado público mientras Carlos se despide e invita a todos al programa de la semana siguiente)*
CARLOS:	La próxima semana en "Trucos de cocina" vamos a explorar el mundo secreto del arroz. ¡Hasta entonces! Y siempre recuerden: ¡la fruta es muy importante! ¡Adiós!

Fin

Tres amigos
Generalidades

PRESENTACIÓN
Vive la "maravillosa" aventura de tres amigos en una tarde soleada.

OBJETIVOS LINGÜÍSTICOS
Vocabulario: adjetivos y adverbios (descripciones)
Estructuras: comparativos y superlativos

NOTAS PARA LA REPRESENTACIÓN
Esta obra ha sido escrita y debería representarse en un estilo surrealista, más bien bidimensional: es muy distinta a las demás obras de este libro. El diálogo es muy repetitivo, ya que los actores tienden a reproducir exactamente las palabras del narrador. Éste debería leer su guión desde fuera del escenario.
¡IMPORTANTE! Los tres actores, Nando, Nacho y Nico, tienen que exagerar: deben ser desmesurados en sus gestos, diálogo y expresiones, y mirar directamente al público cuando recitan. ¡Se trata de surrealismo!

No se necesita ningún escenario especial; sin embargo, causaría un gran impacto un telón de fondo pintado de modo surrealista (con motivos simples, con estilo de cómic o como las obras de algún pintor surrealista como Henri Matisse) colocado detrás de los actores, con varias zonas para distinguir lugares diferentes: un salón, una cocina, la calle de un barrio y un parque.
Los accesorios necesarios para la obra deben estar al alcance de la mano de los actores antes de que la función empiece. Podrían estar colocados dentro de una caja de cartón abierta por la parte superior o en una cesta grande.

PARA AUMENTAR LA DURACIÓN DE LA OBRA
Mientras van hacia el parque, los tres amigos conocen a tres chicas guapas, de estatura muy parecida a la suya. Los tres amigos corren pequeñas aventuras de camino hacia el parque: pasan junto a montañas, zoos o playas, todo lo cual da pie a más diálogos descriptivos.

PARA REDUCIR LA DURACIÓN DE LA OBRA
Omitir el diálogo sobre los sombreros graciosos. Omitir la charla sobre las canciones.

PERSONAJES: 4 Actores
NARRADOR: (un chico o una chica)
NACHO: (un chico, "el mayor": el más alto, de mayor edad y también el más presumido)
NANDO: (un chico, "el mediano")
NICO: (un chico, "el menor")

ESCENARIO:
El escenario de esta obra puede ser imaginario. Los estudiantes podrían crear un telón de fondo pintando una gran tela blanca o un rollo de papel en el que aparezcan un salón, una cocina, la calle de un barrio y un parque.

ACCESORIOS:
Siete bocadillos, tres bolsas de papel para meter los bocadillos, un gatito de peluche, una revista, el mando a distacia de un televisor, un espejo, tres peines, tres sombreros (cuanto más ridículos mejor), una abeja, una tarántula y una serpiente (de juguete o fabricadas por los alumnos).

Tres amigos

SE LEVANTA EL TELÓN: *los tres amigos están sentados en el sofá. NICO está hojeando una revista, NANDO está jugando con un gatito de peluche tirándolo hacia arriba y recogiéndolo y NACHO está usando un mando a distancia, como si estuviera cambiando de cadena en la televisión. El NARRADOR, que estará siempre fuera de escena y no participa en la acción, lee su guión. Detrás de los actores puede haber un telón de fondo que represente el salón en el que se encuentran.*

NARRADOR:	*(Con voz resuelta y alegre, como la de un locutor de radio)* Aquí están tres amigos. Vamos a conocerlos. Este chico se llama Nacho. Nacho es joven. Nacho tiene quince años.
NACHO:	*(Saluda con la mano)* Hola. Me llamo Nacho. Tengo quince años.
NARRADOR:	Este chico se llama Nando. Nando es más joven. Nando tiene trece años.
NANDO:	*(Saluda)* Hola. Me llamo Nando. Tengo trece años.
NARRADOR:	Este chico se llama Nico. Nico es el más joven. Nico tiene diez años.
NICO:	*(Saluda)* Hola. Me llamo Nico. Tengo diez años.
NARRADOR:	¿Cómo son los amigos? Son amigos, pero son muy diferentes. Nico es alto.
NICO:	*(Se levanta)* Soy alto. *(Se sienta de nuevo)*
NARRADOR:	Nando es más alto.
NANDO:	*(Se levanta)* Soy más alto. *(Se sienta de nuevo)*
NARRADOR:	Y Nacho es el más alto.
NACHO:	*(Se levanta y dice, muy orgulloso)* Soy el más alto. *(Se sienta de nuevo)*
NARRADOR:	Los tres amigos son muy simpáticos. Es una tarde bonita y los tres amigos están en el salón. Nico está muy aburrrido y por eso lee una revista.
NICO:	Estoy muy aburrido y por eso leo una revista.

Tres amigos

NARRADOR:	Nando está muy aburrido también y por eso juega con el gato.
NANDO:	Estoy muy aburrido también y por eso juego con el gato.
NARRADOR:	Nacho está muy aburrido también y por eso ve la televisión.
NACHO:	Estoy muy aburrido también y por eso veo la televisión.
NARRADOR:	De repente Nacho tiene una idea.
NACHO:	*(Chasquea los dedos y mira a sus amigos)* ¡Tengo una idea! Vamos a pasear por el parque. ¡Vamos a hacer un picnic allí, y después vamos a jugar al baloncesto!
NANDO, NICO:	¡Excelente! ¡Qué buena idea!
NARRADOR:	Los tres amigos corren a la cocina para preparar el picnic.
NACHO, NANDO, NICO:	*(Dejan todo encima del sofá, se levantan y corren hacia la cocina)* *(Posible telón de fondo con escena de la cocina)*
NARRADOR:	Nacho prepara cuatro bocadillos porque siempre tiene mucha hambre.
NACHO:	*(Muestra cuatro bocadillos)* Siempre tengo mucha hambre.
NARRADOR:	Nico prepara dos bocadillos, porque tiene menos hambre.
NICO:	*(Muestra sus dos bocadillos)* Tengo menos hambre.
NARRADOR:	Y Nando solamente prepara un bocadillo. Nando es el que tiene menos hambre. Por eso Nando es el más delgado de los tres amigos.
NANDO:	*(Muestra un bocadillo)* Soy el más delgado de los tres amigos... pero soy muy guapo.
NARRADOR:	Los tres amigos ponen los bocadillos en bolsas de papel.
NACHO, NANDO, NICO:	*(Meten los bocadillos en las bolsas de papel)*
NARRADOR:	Los tres amigos tienen que peinarse. Se miran en el espejo.
NICO:	*(Mientras se peina)* Soy muy guapo.
NANDO:	*(Mientras se peina)* Soy más guapo.
NACHO:	*(Mientras se peina)* Soy el más guapo y todos me conocen.
NARRADOR:	Los tres amigos se ponen sombreros.
NACHO, NANDO, NICO:	*(Se ponen unos ridículos sombreros)*
NICO:	Mi sombrero es cómico.
NANDO:	Mi sombrero es más cómico.
NACHO:	Mi sombrero es el más cómico. Todo el mundo me quiere mucho.
NARRADOR:	Los tres amigos quieren ir al campo. Nacho está impaciente.
NACHO:	*(Se cruza de brazos y repiquetea con los dedos)*

Tres amigos

NARRADOR:	Nando está más impaciente.
NANDO:	*(Patalea con la punta del pie, frunce el ceño con impaciencia)*
NARRADOR:	Nico es el más impaciente.
NICO:	*(Empieza a salir)*
NARRADOR:	Ya se van Nacho, Nando y Nico, con sus bolsas de papel y sus sombreros cómicos. *(Posible telón de fondo con escena de una calle en un barrio)* *(Empiezan a pasear calle abajo)*
NARRADOR:	Caminan hacia el parque. Todas las personas dicen "¡Hola!" cuando pasan junto a los tres amigos. Y los tres amigos, porque son muy, muy simpáticos, siempre responden: "¡Hola! ¿Cómo estás?"
NACHO, NICO, NANDO:	¡Hola! ¿Cómo estás?
NARRADOR:	Es una tarde muy bonita y los tres amigos están muy contentos. Quieren cantar.
NICO:	Mi voz es bonita. Quiero cantar una canción. *(Canta unas estrofas de una canción)*
NANDO:	Mi voz es más bonita. Yo también quiero cantar una canción. *(Canta unas estrofas de otra canción)*
NACHO:	Mi voz es la más bonita. Quiero cantar una canción también. *(Canta unas estrofas de otra canción y añade, satisfecho)* Tengo mucho talento. *(Posible telón de fondo con escena de un parque)*
NARRADOR:	Los tres amigos llegan al parque. Se sientan en el césped limpio. Abren sus bolsas de papel y comen los bocadillos. Los tres amigos comen muy rápido porque quieren jugar al baloncesto. Pero, ¡qué pena! ¡Tienen un gran problema!
NACHO, NICO, NANDO:	*(Al mismo tiempo)* ¡Qué pena! ¡Tenemos un gran problema! ¡No tenemos balón de baloncesto!
NARRADOR:	¿Qué van a hacer ahora?
NACHO:	Soy muy atlético: voy a hacer ejercicios. *(Hace unas cuantas flexiones y dice)* Y también soy muy fuerte. *(Muestra sus músculos)*
NANDO:	Soy menos atlético. *(Da unos cuantos saltos)*
NICO:	Soy el menos atlético, ¡pero soy muy inteligente! *(Se pone unas gafas, coge una calculadora y hace unas sumas)*
NARRADOR:	De repente Nico ve una abeja en el césped y grita fuerte.

Tres amigos

NICO:	¡Aaaaaa!
NARRADOR:	Nando ve una tarántula en el césped y grita más fuerte.
NANDO:	¡Aaaaaaaaaaa!
NARRADOR:	Nacho ve una víbora en el césped y es el que más fuerte grita.
NACHO:	¡Aaaaaaaaaaaaaaaaa!
NARRADOR:	Corren por el parque.
	(Empiezan a correr por el parque con gestos de miedo)
NARRADOR:	Nico corre rápido porque es miedoso.
NICO:	¡Soy muy miedoso!
NARRADOR:	Nando corre más rápido porque es más miedoso.
NANDO:	¡Soy más miedoso!
NARRADOR:	Y Nacho es el que corre más rápido porque es el más miedoso.
NACHO:	*(Chilla histéricamente)* ¡No quiero morirme! ¡Mamá!
	(Posible telón de fondo con escena del salón).
NARRADOR:	Los tres amigos llegan a casa. Se sientan en el sofá y no dicen nada.
NACHO, NICO, NANDO:	*(Se derrumban en el sofá, cayendo en el mismo orden y la misma posición que tenían en la primera escena)*
NARRADOR:	Nacho está cansado y tararea una canción.
NACHO:	*(Tararea)*
NARRADOR:	Nando está más cansado y lee la revista.
NANDO:	*(Hojea la revista)*
NARRADOR:	Pero el más cansado es Nico porque Nico... está... dormido.
NICO:	*(Duerme)*

Fin

11.1 "Los Huevos Fritos"

■ Generalidades

PRESENTACIÓN
Luisa tiene el dudoso placer de servir el desayuno al señor Álvarez y a su irritante "amigo" Pepe.

OBJETIVOS LINGÜÍSTICOS
Vocabulario: alimentos que se toman para desayunar
Estructuras: frases comunes para comer en un restaurante
Verbos: comer, querer

NOTAS PARA LA REPRESENTACIÓN
Esta obra comienza con una escena agradable: un sencillo desayuno en un restaurante. Pero después se convierte en una situación absurda y frustrante.
El papel del sr. Álvarez requiere un gran esfuerzo tanto de interpretación como de memorización: su parte en el guión es la más larga. Al principio es sólo un cliente más del restaurante que toma un desayuno, pero poco a poco sus excentricidades se van haciendo cada vez más evidentes. El sr. Álvarez realmente cree que su "amigo" Pepe existe y está sentado junto a él.
El desayuno debe estar listo sobre la barra del restaurante cuando comienza la obra.

PARA AUMENTAR LA DURACIÓN DE LA OBRA
Se pueden añadir nuevos clientes para el restaurante, sentados en otras mesas, que necesitan constantemente los servicios de Luisa. Se pueden agregar otros camareros o cocineros, con los que Luisa se queja del extraño cliente.

PARA REDUCIR LA DURACIÓN DE LA OBRA
Omitir los papeles del señor y la señora Silva.

PERSONAJES: 4 Actores
LUISA: (una camarera alegre, formal y juiciosa)
Sr. ÁLVAREZ: (un cliente amable, pero muy excéntrico)
Sr. SILVA: (un cliente habitual, fisgón y acaparador)
Sra. SILVA: (la mujer del sr. SILVA, mujer acaparadora y pendenciera)

ESCENARIO:
El comedor del restaurante "Los Huevos Fritos": hay al menos dos mesas para cuatro personas con manteles, servilletas, cubiertos, servicio de sal y pimienta y azúcar; un mínimo de dos sillas para cada mesa; un mostrador o barra que separe el comedor de la cocina (que se encuentra fuera del escenario). Posible telón de fondo con un gran cartel donde esté escrito el nombre del restaurante: "Los Huevos Fritos". También se pueden colgar de las paredes pósters con el menú del día, menús para niños, ofertas, etc.

ACCESORIOS:
Mesas puestas (como ha sido explicado en el apartado "Escenario"), dos menús, una libreta y un lápiz para la camarera, un plato grande con una tortilla francesa y unas tostadas con mante- quilla y mermelada, tres tazones de cereales (uno de los cuales debe ser de color azul), un vaso de zumo de naranja, tres tazas de café con sus platillos, un periódico, dos vasos de agua.

"Los Huevos Fritos"

SE LEVANTA EL TELÓN:

El sr. y la sra. SILVA están sentados en su mesa habitual, tomando su desayuno y leyendo el periódico. El sr. ÁLVAREZ entra en el restaurante, echa una ojeada, elige una mesa y se sienta. LUISA, con un lápiz en la oreja y una libreta en la mano, se acerca a su mesa.

LUISA:	*(Se dirige a él amable y alegremente)* Buenos días, Señor.
Sr. ÁLVAREZ:	*(Afablemente)* Buenos días.
LUISA:	Me llamo Luisa y hoy soy su camarera. ¡Bienvenido al restaurante "Los Huevos Fritos"!
Sr. ÁLVAREZ:	Gracias. Me gusta el nombre de su restaurante, "Los Huevos Fritos". Supongo que sirven huevos fritos muy sabrosos, ¿verdad?
LUISA:	*(Riendo)* Claro que sí. Todos los desayunos aquí son deliciosos. Los huevos fritos son excelentes. También recomiendo los huevos revueltos, pero las tortillas francesas son nuestra especialidad.
Sr. SILVA:	*(Llamando)* ¡Más café, Luisa, por favor!
LUISA:	*(Contesta al sr. SILVA)* ¡Sí, un momento, Sr. Silva! *(Al sr. ÁLVAREZ)* ¿Es la primera vez que usted viene al restaurante "Los Huevos Fritos"?
Sr. ÁLVAREZ:	Sí. No vivo en esta ciudad. Estoy de viaje.
Sra. SILVA:	*(Llamando)* ¡Luisa! ¡Más pan tostado y mantequilla, por favor!
LUISA:	*(Contesta)* ¡Sí, un momento! *(Al sr. ÁLVAREZ)* ¿Quiere usted el desayuno?
Sr. ÁLVAREZ:	Sí. ¿Me trae el menú, por favor?
LUISA:	*(Se acerca al mostrador y coge un menú)* El menú del desayuno, señor.
Sr. ÁLVAREZ:	Gracias, pero necesito dos menús. Uno para mí y otro para mi compañero.

"Los Huevos Fritos"

LUISA:	*(Sorprendida)* ¿Su compañero? Lo siento mucho, señor. No lo veo.
Sr. ÁLVAREZ:	Es que no me gusta viajar solo. Siempre viajo con un compañero. ¡Ahora tenemos mucha hambre!
LUISA:	Un momento, por favor. *(Hace otro café y se lo lleva al sr. SILVA, recogiendo la taza vacía; lleva tostadas con mantequilla a la sra. SILVA, le da otro menú al sr. ÁLVAREZ)* Un menú para su compañero, señor.
Sr. ÁLVAREZ:	Gracias. *(Abre el menú y después lo coloca en el sitio que está junto al suyo)*
LUISA:	*(Coge dos vasos de agua y los lleva a la mesa del sr. ÁLVAREZ)* Dos vasos de agua para ustedes. ¿Dónde está su compañero, señor? ¿Está en el baño?
Sr. ÁLVAREZ:	*(Ofendido)* ¿En el baño? ¡No está en el baño! ¡Está aquí! *(Señala un lugar impreciso)*
LUISA:	Pues, ¿quiere usted ordenar el desayuno ahora o quiere esperar a su compañero?
Sr. ÁLVAREZ:	*(Amablemente)* Queremos pedir ahora. Estamos listos.
LUISA:	*(Confusa)* ¿Quieren pedir ahora? Todavía no veo a su compañero. *(Se queda callada un momento)* Muy bien. ¿Qué quiere usted comer?
Sr. ÁLVAREZ:	Yo quiero comer una tortilla con jamón y queso. Una tortilla no es más que una torta de huevos, ¿verdad?
LUISA:	Exactamente, señor.
Sr. ÁLVAREZ:	Perfecto. También quiero pan tostado.
LUISA:	*(Lo escribe en la libreta)* Muy bien. ¿Quiere mermelada o mantequilla con el pan tostado?
Sr. ÁLVAREZ:	Quiero mermelada y mantequilla. ¿Qué fruta tienen?
LUISA:	Hoy tenemos toronjas, plátanos, melón y fresas.
Sr. ÁLVAREZ:	*(Pensando)* Mmmm, no quiero comer fruta. ¿Qué zumos tienen?
LUISA:	Tenemos zumo de tomate, zumo de naranja y zumo de uva.
Sr. ÁLVAREZ:	Excelente. Un vaso grande de zumo de naranja, por favor.
Sr. SILVA:	*(Levanta la mano)* ¡Luisa! ¡Más café, por favor!
Sra. SILVA:	¡Luisa! ¡Más pan tostado con mantequilla, por favor!
LUISA:	¡Un momento! ¿Sabe usted qué quiere comer su compañero?
Sr. ÁLVAREZ:	No, no sé qué quiere comer. ¿Por qué no le pregunta usted? *(Señala la silla vacía que está junto a él)*
LUISA:	*(Con cautela)* Señor, ¿dónde está su compañero? No lo veo.
Sr. ÁLVAREZ:	*(Con un acceso de rabia)* Pues, ¡mire! ¡Está aquí conmigo! ¿No lo

"Los Huevos Fritos"

	ve usted? ¿Quiere insultarlo? ¡Qué ridícula pregunta!
Sr. y Sra. SILVA:	*(Dejan lo que están haciendo y se quedan mirando al sr. ÁLVAREZ boquiabiertos)*
LUISA:	*(Alarmada, responde rápidamente)* ¡Oh, no! No quiero insultar a su compañero.
Sr. ÁLVAREZ:	Entonces, dígale "Hola" y pregúntele qué quiere comer.
LUISA:	*(Mira hacia la silla y le habla con una voz vacilante)* Hola... ¿Cómo está usted? ¿Qué quiere desayunar hoy?
Sr. ÁLVAREZ:	*(Escucha la respuesta de su amigo imaginario y le regaña amigablemente)* ¿Qué? ¿Solamente quieres un vaso de leche? *(Escucha en silencio)* No. Tienes que comer más. ¡Insisto! *(Escucha)* ¿No tienes dinero? ¡No importa! Yo pago la cuenta hoy... Mira, por favor, por lo menos come un tazón de cereales. ¿Está bien? *(Escucha)* ¡Muy bien! Entonces habla con la camarera. *(Sonríe a LUISA con aire de disculpa, y después habla de nuevo con su amigo invisible)* ¿Por qué no quieres hablar con la camarera? Es muy simpática... ¿Qué? ¿Eres tímido? ¡Qué tontería! *(A Luisa)* Lo siento mucho, pero mi compañero no quiere hablar con usted. Quiere comer un tazón grande de cereales.
LUISA:	¿Su compañero quiere un tazón de cereales?
Sr. ÁLVAREZ:	Sí, por favor. Un tazón grande.
LUISA:	Muy bien... ¿Cómo se llama su compañero?
Sr. ÁLVAREZ:	Se llama Pepe.
LUISA:	Ajá... "Pepe" ¿Quiere Pepe fruta con los cereales?
Sr. ÁLVAREZ:	No sé. Pepe, ¿quieres fruta con los cereales? *(Escucha y asiente)* Sí, Pepe quiere fruta. ¿Qué? *(Escucha de nuevo)* Quiere azúcar también.
Sra. SILVA:	*(Le informa desde su mesa)* El azúcar está en la mesa.
Sr. SILVA:	Está cerca de la sal y la pimienta.
Sr. ÁLVAREZ:	Gracias.
LUISA:	*(Mira lo que ha anotado en su libreta)* Bueno, usted quiere comer una tortilla con jamón y queso, pan tostado con mantequilla y mermelada y un vaso grande de zumo de naranja. Y su compañero...
Sr. ÁLVAREZ:	*(Ayudándola)* Pepe.
LUISA:	Sí. Pepe quiere un tazón de cereales con fruta.
Sr. SILVA:	Un tazón grande.
Sra. SILVA:	Con azúcar.

"Los Huevos Fritos"

QUINCE MINUTOS MÁS TARDE

LUISA:	Aquí estan los desayunos. Una tortilla con jamón y queso, pan tostado con mantequilla y mermelada y un vaso de zumo de naranja. ¡Cuidado! ¡El plato está muy caliente! Y para...
Sr. ÁLVAREZ:	Pepe.
LUISA:	Sí, para *(Carraspea)* Pepe, un tazón grande de cereales con fruta. ¡Buen provecho! *(Se va a la cocina)*
Sr. ÁLVAREZ:	*(Empieza a comer y a beber)*
Sra. SILVA:	*(En voz alta, con un tono muy falso)* Voy al baño, mi amor. *(Se levanta y pasa junto a la mesa del sr. ÁLVAREZ mirando fijamente la silla de Pepe; luego sale)*
LUISA:	*(Entra y se dirige a la mesa del sr. ÁLVAREZ)* ¿Le gusta el desayuno, señor?
Sr. ÁLVAREZ:	Pues, *(se limpia la boca cuidadosamente con la servilleta)* mi desayuno está buenísimo, pero a Pepe no le gusta el desayuno.
LUISA:	¿Por qué no le gusta el desayuno a Pepe?
Sr. ÁLVAREZ:	Pepe dice que estos cereales no le gustan: quiere un tazón de cereales integrales, por favor.
LUISA:	Muy bien. *(Sale con el tazón)*
Sra. SILVA:	*(Vuelve y pasa aposta junto a la silla de Pepe)* Con permiso, Pepe.
LUISA:	*(Entra y pone el nuevo tazón de cereales en la mesa del sr. ÁLVAREZ)* Un tazón de cereales integrales para Pepe. *(Cruza los brazos y espera, con curiosidad)* ¿Le gustan los cereales ahora?
Sr. ÁLVAREZ:	*(Avergonzado)* Lo siento mucho, pero Pepe dice que ahora los cereales están demasiado blandos y parece que están caducados.
LUISA:	*(Se siente ofendida)* ¡Los cereales del restaurante "Los Huevos Fritos" no están caducados, señor! ¡Estos cereales son muy frescos!
Sr. ÁLVAREZ:	*(Regaña duramente a Pepe)* Los cereales no están caducados. ¡Son fresquísimos! *(Escucha)*
LUISA:	¿Qué? ¿Qué dice Pepe ahora?
Sr. ÁLVAREZ:	Pepe quiere otro tazón de cereales.
LUISA:	¡Otro tazón de cereales!
Sr. ÁLVAREZ:	Sí, por favor. Más cereales, pero esta vez en un tazón azul.
LUISA:	*(Enfadadísima)* Muy bien. *(Va hacia la cocina a grandes pasos, vuelve con un tazón azul, lo estampa en la mesa y espera)* ¿Le gustan los cereales ahora?
Sr. ÁLVAREZ:	En realidad, no. Dice que los cereales quedan muy mal en un

"Los Huevos Fritos"

	tazón azul. Dice que ya no quiere cereales. Dice que quiere comer unos huevos revueltos.
Sr. SILVA:	*(Exclama)* Los huevos revueltos son excelentes.
Sra. SILVA:	¡Con pan tostado también!
LUISA:	*(Hecha una furia)* ¡Déme ese tazón de cereales!
Sr. ÁLVAREZ:	*(Riñendo)* Mira, Pepe. Ahora la camarera simpática está enfadada. Nunca estás contento con tu desayuno. Siempre causas problemas en los restaurantes. *(De mal humor)* ¿Qué voy a hacer contigo? *(Suspira, sacude la cabeza con resignación y le dice a LUISA)* La cuenta, por favor.
LUISA:	¡Muy bien! *(Coge el recibo y se lo da al sr. ÁLVAREZ)* Su cuenta, señor.
Sr. ÁLVAREZ:	*(Aparta el recibo, se levanta y señala la silla vacía)* Por favor, déle la cuenta a Pepe. Él causa muchos problemas, así que ¡él va a pagar la cuenta hoy! ¡Gracias! ¡Hasta luego! *(El sr. ÁLVAREZ sale con grandes aspavientos, dejando a LUISA y a los señores SILVA boquiabiertos e incrédulos)*

Fin

Los quehaceres

Generalidades

PRESENTACIÓN
Mamá pide a su familia que le ayude con las faenas domésticas, pero todos están demasiado ocupados. Al final, mamá se venga de todos ellos.

OBJETIVOS LINGÜÍSTICOS
Vocabulario: tareas domésticas, artículos e instrumetos que se usan para limpiar, habitaciones de la casa
Estructuras: "tener que", verbo "poder", modo imperativo

NOTAS PARA LA REPRESENTACIÓN
El personaje "Mamá" puede remarcar su aspecto desaliñado llevando un viejo vestido o una bata y rulos en el pelo.
El salón de la casa debe estar muy desordenado. Para ello se puede sembrar el lugar por todas partes con objetos propios de una casa.

PARA AUMENTAR LA DURACIÓN DE LA OBRA
Añadir un tercer niño que no quiera lavar, secar o doblar la colada.
Añadir una abuelita que no quiera fregar los platos.

PARA REDUCIR LA DURACIÓN DE LA OBRA
Omitir las partes repetitivas del papel de Mamá. (Suele repetir insistentemente los nombres de las faenas domésticas para ayudar en la memorización del vocabulario.)

PERSONAJES: 4 Actores
MAMÁ: (trabajadora incansable cuya labor es infravalorada, pero que demuestra mucho ingenio)
PAPÁ: (se cree el rey de la casa)
MÓNICA: (su hija, muchacha cariñosa pero bastante egocéntrica)
DAVID: (su hijo, con un comportamiento propio de los once años que tiene)

ESCENARIO:
Un acogedor salón con un sofá, un sillón, una alfombra y una mesita.

ACCESORIOS:
Un delantal, una lista de labores domésticas, un periódico, una aspiradora, laca de uñas, una escoba, una pequeña radio o reproductor de CD con auriculares, un juguete de construcción, un paño para limpiar el polvo, un pastel de chocolate, un plato, un cuchillo, un tenedor, una servilleta, varios libros, vasos, una fuente de palomitas de maíz.

Los quehaceres

SE LEVANTA EL TELÓN: *La familia está repartida por todo el salón. PAPÁ descansa en el sillón, leyendo el periódico. MÓNICA está arrellanada en el sofá, pintándose las uñas. DAVID está sentado en la alfombra escuchando música con los auriculares puestos mientras construye algo con un juguete. Sobre la mesa hay libros, vasos y una fuente de palomitas de maíz, en completo desorden. Unas cuantas palomitas se han caído al suelo y están desparramadas por la alfombra. MAMÁ entra en el salón con su delantal y una aspiradora en la mano; tiene un aspecto desastroso.*

NOTA: Con sus palabras iniciales, MAMÁ intenta atraer la atención de su familia. Después de cada frase hace una pausa esperando una reacción por parte de alguien, pero nadie responde: ni siquiera parecen notar su presencia.

MAMÁ:	*(Con tono agotado)* Estoy muy cansada. Me duele la espalda.... *(Mira uno a uno a los miembros de su familia)* Estoy muy cansada de limpiar la casa. Ya sabéis que mañana vienen los abuelos... *(a PAPÁ)* tu madre y tu padre, mi amor, y no quieren ver la casa sucia... *(Alegremente)* Bueno, ¿quién quiere limpiar la casa? Tengo una lista de las cosas que hay que hacer: *(saca la lista del bolsillo y la lee)* Hay que barrer el suelo, hay que pasar la aspiradora, hay que quitar el polvo, hay que sacar la basura, y finalmente, hay que hacer un pastel de chocolate. *(Con sarcasmo)* ¡Hola! ¿Tengo una familia? *(Suspira con desesperación y sin muchas ganas se pone a limpiar la mesita. Luego le dice a PAPÁ)* Mi amor, por favor, ¿puedes pasar la aspiradora?
PAPÁ:	*(Mira a MAMÁ por encima del periódico como si estuviera loca)*
MAMÁ:	Sí, tú, mi amor, ¿puedes pasar la aspiradora?
PAPÁ:	*(Anonadado)* ¡Pero soy el cabeza de familia!
MAMÁ:	Sí, ¿y qué?
PAPÁ:	Soy el padre de la casa y necesito descansar. Tengo que leer el

Los quehaceres

	periódico. Es muy importante. *(Comienza a leer de nuevo)*
MAMÁ:	*(Aparta el periódico con el tubo de la aspiradora)* Anda, hazme el favor de pasar la aspiradora. Toma la aspiradora, por favor.
PAPÁ:	¿Por dónde paso la aspiradora?
MAMÁ:	Pues por toda la casa, especialmente aquí en la sala, que está muy sucia.
PAPÁ:	*(Mira la alfombra llena de palomitas, luego mira a MAMÁ y dice inocentemente)* La sala no está sucia. Está limpia. *(Vuelve a su periódico)* Quiero pasar la aspiradora, pero ahora estoy muy ocupado. Quizás mañana...
MAMÁ:	*(Amargamente)* Mi marido no va a pasar la aspiradora. Bueno, entonces yo tengo que pasar la aspiradora. *(Suspira y mira la lista)* ¡Mónica! Aquí está la escoba. Por favor, ¿puedes barrer el suelo de la cocina?
MÓNICA:	*(Habla sin apartar la vista de sus uñas, que está pintando en ese momento)* Sí, mamá, puedo barrer el suelo.
MAMÁ:	*(Agradecida)* ¡Gracias! Toma la escoba.
MÓNICA:	Quiero barrer el suelo, Mamá, pero ahora mismo es imposible. *(Pendiente de sus uñas)* Acabo de pintarme las uñas y no puedo barrer el suelo.
MAMÁ:	Mónica, hija mía, ¡para barrer el suelo de la cocina se tardan solamente diez minutos!
MÓNICA:	*(Inocentemente)* Mamá, de verdad, quiero barrer el suelo, pero mis uñas son muy delicadas. Barrer el suelo es muy peligroso para mis uñas en este momento. Mañana barro el suelo. ¡Te lo prometo, Mamá!
MAMÁ:	Mañana es muy tarde para barrer, porque mañana vienen los abuelos. *(Suspira con aire de mártir)* Mi hija no va a barrer el suelo. Yo tengo que pasar la aspiradora y barrer el suelo también... David, hijo mío, ¿puedes sacar la basura, por favor?
DAVID:	*(Se mueve al son de la música mientras construye su juguete y no oye a su madre)*
MAMÁ:	*(Más alto)* ¡David, hijo! ¿Puedes sacar la basura, por favor?
DAVID:	*(Sigue sin oírla)*
MAMÁ:	*(Levanta los auriculares y le grita al oído)* David, ¿puedes sacar la basura, por favor?
DAVID:	*(Da un salto, sorprendido)* ¡Mamá! ¡Me asustas!
MAMÁ:	*(Suavemente)* David, ¿puedes sacar la basura, por favor?

Los quehaceres

DAVID: ¿Qué basura, Mamá?

MAMÁ: La basura de todos los cubos de la casa: de la cocina, de los baños...

DAVID: Pero esa no es mi basura, Mamá.

MAMÁ: No importa...

DAVID: ¿Me vas a pagar?

MAMÁ: David, ¡qué vergüenza! ¡Es el único quehacer que tienes en la casa!

DAVID: *(Rápidamente, para calmarla)* Mamá, quiero sacar la basura. Me encanta sacar la basura, pero...

MAMÁ: ¿Sí?

DAVID: Es que quiero escuchar música y jugar un rato más. Pero más tarde sí, Mamá, ¡te lo prometo! Más tarde saco la basura. *(Muy contento, vuelve a su música y su juguete)*

MAMÁ: *(Murmura en voz alta)* Mi hijo no va a sacar la basura. Yo tengo que pasar la aspiradora, yo tengo que barrer el suelo y yo tengo que sacar la basura.

PAPÁ: *(Distraídamente, mirándola por encima del periódico)* Gracias, mi amor.

MAMÁ: *(Fulmina a PAPÁ con la mirada; luego consulta la lista de nuevo y dice irónicamente)* ¿Quien quiere quitar el polvo de los muebles? No es difícil quitar el polvo. Tomas un paño *(Coge el paño de limpiar el polvo de la mesita y hace una exagerada y sarcástica demostración)* y quitas el polvo de la mesa... de las sillas... de la lámpara... ¡de la cara de tu hijo! *(Deliberadamente le hace cosquillas con el paño a DAVID)*

DAVID: ¡Mamá!

MAMÁ: Y quitas el polvo del sofá... y *(Con un ataque de rabia)* ¡de las uñas de tu hija! *(Limpia los dedos de MÓNICA con el paño)*

MÓNICA: ¡Mamá! ¡Mis uñas!

MAMÁ: Y quitas el polvo del sillón... y de los libros... ¡y del periódico de papá! *(Se abalanza contra el periódico con la aspiradora)*

PAPÁ: ¡Mi amor, por favor! ¡Quiero leer el periódico! *(PAPÁ, MÓNICA y DAVID vuelven a sus respectivas ocupaciones)*

MAMÁ: Entonces, ¡ya entiendo! Mamá tiene que pasar la aspiradora y barrer el suelo. Vosotros tenéis que descansar. Mamá tiene que sacar la basura y quitar el polvo. Y otra vez, vosotros tenéis que descansar. Mamá tiene que hacer un pastel de chocolate...

PAPÁ: *(La mira distraídamente, sin reparar en sus quejas)* Mi amor,

Los quehaceres

	tráeme una taza de café, por favor.
MAMÁ:	*(Completamente disgustada)* ¡Ay, qué familia! ¡Estoy cansada! Voy a hacer el pastel de chocolate. *(MAMÁ sale)*

UNA HORA MÁS TARDE

(MAMÁ entra canturreando alegremente, con un hermoso pastel de chocolate, un plato, un cuchillo, un tenedor y una servilleta. PAPÁ, MÓNICA y DAVID la miran y siguen todos sus movimientos. Con sumo cuidado, ella coloca el pastel en la mesita, se sienta y se corta un generoso pedazo de pastel. Saborea cada mordisco muy despacio, mientras el resto de la familia va reuniéndose a su alrededor observándola con atención)

PAPÁ: Mi amor, qué buena cocinera eres. Por favor, dame un pedazo de pastel.

MÓNICA: Mamá, mis uñas están secas. Por favor, dame un pedazo de pastel.

DAVID: Tengo hambre, Mamá. Por favor, dame un pedazo de pastel.

MAMÁ: ¡Oh no, cariño! Tú tienes que leer el periódico. Y Mónica, un tenedor es muy peligroso para tus uñas. Y David, si comes un pedazo de pastel no puedes concentrarte en tu música. *(Saborea otro trocito de pastel)* ¿Sabéis una cosa? Si queréis comer un pedazo de pastel... allí está la cocina. ¡Buena suerte! ¡Este pastel es mío!

Fin